圣
字

SACRED
CHARACTERS

Daily Readings from the Chinese Bible

© 2025 by Scott N. Callaham

All rights reserved.
No part of this publication may be reproduced, stored in a retrieval system, or transmitted in any form or by any means—for example, electronic or mechanical, including photocopying or recording—without the prior written permission of the author.

Callaham, Scott N.

Sacred Characters: Daily Readings from the Chinese Bible / by Scott N. Callaham

Wilmore, KY: GlossaHouse, 2025

viii, 380 pp.

ISBN 978-1-63663-136-3 (paperback)

Library of Congress Control Number:

1. Chinese language; 2. Bible Devotion

Cover design by Scott N. Callaham and Sarah R. Callaham

PERMISSIONS PAGE

Scripture quotations marked (CEB) have been taken from the COMMON ENGLISH BIBLE. © Copyright 2011 COMMON ENGLISH BIBLE. All rights reserved. Used by permission. (www.CommonEnglishBible.com).

Scripture quotations marked (CSB) have been taken from the Christian Standard Bible®, Copyright © 2017 by Holman Bible Publishers. Used by permission. Christian Standard Bible® and CSB® are federally registered trademarks of Holman Bible Publishers.

Scripture quotations marked (ESV) are from the ESV® (The English Standard Version®), copyright © 2001 by Crossway Bibles, a publishing ministry of Good News Publishers. Used by permission. All rights reserved.

Scripture quotations marked (HCSB) are taken from the Holman Christian Standard Bible®, Copyright © 1999, 2000, 2002, 2003, 2009 by Holman Bible Publishers. Used by permission. Holman Christian Standard Bible®, Holman CSB®, and HCSB® are federally registered trademarks of Holman Bible Publishers.

Scripture quotations marked (LSB®) are from the Legacy Standard Bible®, Copyright © 2021 by The Lockman Foundation. Used by permission. All rights reserved. Managed in partnership with Three Sixteen Publishing Inc. LSBible.org and 316publishing.com.

Scripture quotations marked (NABRE) in this work are taken from the New American Bible, revised edition © 2010, 1991, 1986, 1970 Confraternity of Christian Doctrine, Inc., Washington, DC. All Rights Reserved.

Scripture quotations marked (NASB 1995) are taken from the NEW AMERICAN STANDARD BIBLE®, Copyright © 1960, 1962, 1963, 1968, 1971, 1972, 1973, 1975, 1977, 1995 by The Lockman Foundation. Used by permission.

Scripture quotations marked (NIV) are from the Holy Bible, NEW INTERNATIONAL VERSION®. Copyright © 1973, 1978, 1984, 2011 by Biblica, Inc. Used by permission. All rights reserved worldwide.

Scripture quotations marked (NJPS) are taken from the JPS TANAKH, Copyright © 1985 by The Jewish Publication Society. All rights reserved.

Scripture quotations marked (NKJV) are from THE NEW KING JAMES VERSION, Copyright © 1979, 1980, 1982, Thomas Nelson, Inc., Publishers. Used by permission.

Scripture quotations marked (NLT) are taken from the *Holy Bible*, New Living Translation, Copyright © 1996. Used by permission of Tyndale House Publishers, Inc., Wheaton, Illinois 60189. All rights reserved.

Scripture quotations marked (NRSV) are from the New Revised Standard Version Bible, copyright © 1989, National Council of the Churches of Christ in the United States of America. Used by permission. All rights reserved.

Scripture quotations marked (RSV) are from the Revised Standard Version Bible, copyright © 1952 by the Division of Christian Education of the National Council of Churches of Christ in the United States of America. Used by permission. All rights reserved.

The 和合本 Chinese Union Version, as well as the KJV King James Version and ERV Revised Version in English, are in the public domain.

AUTHOR'S NOTE

> 我便心里觉得似乎有烧着的火闭塞在我骨中，我就含忍不住，不能自禁。
>
> … there is in my heart as it were a burning fire shut up in my bones, and I am weary with holding it in, and I cannot. (ESV)
>
> Jeremiah 20:9b

I wrote this book identifying closely with the passion of Jeremiah. *Sacred Characters* is truly a labor of love, a labor of three loves to be more precise. The first love that empowered the writing of this book is love for God, who sent his Spirit to regenerate me, his Son to save me, and his word to be a lamp to my feet and a light to my path.

The second love closely tied to writing this book is my irrational, consuming, supernatural love for the Chinese-speaking church. This love is a gift from God that has profoundly shaped my life, and the life of my family, for many years.

The third love is for the students whom God has brought to me as I have taught the Bible in Chinese. These dear brothers and sisters have welcomed me into their lives as their 老师 and have endured my growth as a speaker of Chinese while we learned, worshiped, prayed, and served together. Some have broken my heart by turning their backs upon God and his word, while others have brought me unspeakable joy as they faithfully serve.

Love for God and love for the Chinese church are likely already significant influences in your life, dear reader. In addition, you may be well on your way toward the third love of deeply caring about the eternal destiny of specific Chinese people. In any case, as you embark upon the task of reading God's word in Chinese with *Sacred Characters*, may these loves burn in your heart and uphold you in your Chinese learning!

ACKNOWLEDGEMENTS

Although I am its author, *Sacred Characters* exists because of the efforts of many others who have supported me. I first thank my teachers (many of whom have been my students) for encouraging and bearing with me as I continue traveling the lifelong path of learning Chinese.

I also thank Shuguang (Rose) Wang and Enci (Deco) Huang for checking my linguistic claims with native speaker intuition and grammatical expertise. I thank Crystal (Cheng Ha) Hong for suggestions that have improved the use of this devotional for its readers, as well as for her help locating materials in Chinese. Furthermore, I gratefully acknowledge research assistance from the Lanier Theological Library in Houston, Texas.

In conclusion, I thank my daughter Sarah for her artistic eye as we crafted the cover art with pictures I took in the Forbidden City in Beijing in 2011. I thank my son Josiah for proofreading help and helpful suggestions. I thank my wife Chingman for more than I can distill into words, and all family members for their spirit of submission to God and his word that have brought us to this point in our adventure of life together.

    For the glorification of God by his Chinese church,

    Scott N. Callaham
    简思德

INTRODUCTION

Chinese Christians emphasize certain vocabulary and turns of phrase that largely derive from the 和合本, the Chinese Union Version of the Bible. Despite the appearance of more modern translations in the century following the publication of the 和合本, its echo resounds in the worship and speech of Christians today.

Sacred Characters draws readers into a daily devotional encounter with the 和合本, intending that the Chinese Bible would become a cherished part of one's personal worship. To that end, the book presents 365 readings selected from both the Old and New Testaments. Readers are likely already familiar with many of these readings in English, so an English version appears near the top of each page with two selected Chinese vocabulary words inserted alongside corresponding English words. The English translations selected for this purpose are those with words closest to the literal glosses shown for the 和合本 text.

Below the 和合本 reading, the book provides *pinyin* for each Chinese word in the order in which it appears in the passage, as well as glosses for the "main" words. In order to save space, common conjunctions and other frequently used structural words appear in parentheses. Alongside some one-character terms are two-character equivalents within curly brackets.

Footnotes provide information that learners of Christian Chinese would want to know, such as points of contact with Chinese grammar, culture, history, and Bible translation. To keep the footnote space uncluttered, these observations generally do not repeat previously footnoted information.

There are three appendices that should foster more effective use of this book. The first is a guide to 变调, or tone sandhi, to aid correct pronunciation of tones within the flow of sentences. The second is a table with names of books of the Bible with their abbreviations, and a third lists every Scripture reading in the book in order, along with the featured vocabulary words within each reading.

A suggestion for each day's devotion with *Sacred Characters* is to follow the top-to-bottom order on the page, reading the English Scripture passage with Chinese vocabulary terms inserted, then reading the passage in Chinese silently and aloud. Meditate on the passage, and incorporate the truths of the passage in your prayer (in Chinese if possible). Rejoice that God accomplishes his purposes through his word in Chinese (Isaiah 55:11)!

创世记 1:1　　　GENESIS 1:1　　　JAN 1 • WEEK 1 • **DAY 1**

In the beginning, **God** (神) **created** (创造) the heavens and the earth. (ESV)

| 神 | *shén* | (n) **God** |
| 创造 | *chuàng zào* | (v) **create** |

起初**神创造**天地。

起初	*qǐ chū*	at the outset
神 [1]	*shén*	**God**
创造	*chuàng zào*	**create**
天地	*tiān dì*	heaven and earth

---

[1] Chinese Bibles commonly insert an honorific space before 神, a practice called 挪抬. Honorific spaces appear before terms for God (and emperors) on the eighth century Chang'an Stele. See Glen L. Thompson, *Jingjiao: The Earliest Christian Church in China* (Grand Rapids: Eerdmans, 2024), 35–36. For a brief history of 挪抬 in Chinese Bible translations, see Ziming Tang, *Qi shi yu wen zi: Zhong wen sheng jing fan yi de gu shi (1807–1919)* (in Chinese) (Hong Kong: Tian Dao, 2018), 196–198. On the use of the term 神 for God, some editions of the 和合本 instead have 上帝 *shàng dì*, and modern Catholic 思高 Bibles have 天主 *tiān zhǔ*. See Irene Eber, "The Interminable Term Question," pages 135–161 in Irene Eber, Sze-Kar Wan, and Knut Walf, eds., *Bible in Modern China: The Literary and Intellectual Impact* (Sankt Augustin, Germany: Steyler, 1999). For a theologically-grounded overview of the challenges inherent in expressing the concept and identity of God in Chinese and other languages, see Jerry Hwang, *Contextualization and the Old Testament: Between Asian and Western Perspectives*, Logia 1 (Carlisle, UK: Langham, 2022), 49–70.

DAY 2 • WEEK 1 • JAN 2   GENESIS 1:5   创世记 1:5

God called the light Day, and the darkness he called Night. And there was **evening** (晚上) and there was **morning** (早晨), the first day. (ESV)

| 晚上 | wǎn shàng | (n) **evening** |
| 早晨 | zǎo chén | (n) **morning** |

神称光为昼，称暗为夜。有晚上，有早晨，这是头一日。

神	shén	God
称	chēng	call
光	guāng	light
(为)² 昼 {白昼}	(wéi) zhòu	day
称	chēng	call
暗 {黑暗}	àn	darkness
(为) 夜 {夜晚}	(wéi) yè	night
(有) 晚上	(yǒu) wǎn shàng	**evening**
(有) 早晨 ³	(yǒu) zǎo chén	**morning**
这是	zhè shì	this is
头一	tóu yī	first
日	rì	day

---

² 为 is a 多音词, with many verb-related meanings taking the second tone *wéi* (as here in Gen 1:5 where the verbal expression is 称……为—see Day 345) and many preposition-related meanings taking the fourth tone *wèi* (as in 我每一天为你祷告: "I pray for you every day."). See Day 16 for the use of 为 with both the second and fourth tones in the same sentence.

³ See Day 85.

创世记 1:26a — GENESIS 1:26a — JAN 1 • WEEK 1 • DAY 3

Then God said, "Let us make man in our **image** (形像), after our **likeness** (样式). (ESV)

| 形像 | *xíng xiàng* | (n) **image** |
| 样式 | *yàng shì* | (n) **likeness** |

神说：我们要照着我们的 形像，按着我们的 样式 造人。

神	*shén*	God
说 [4]	*shuō*	say
(要) 照着	*(yào) zhào zhe*	according to
我们的	*wǒ men de*	our
形像 [5]	*xíng xiàng*	**image**
按着	*àn zhe*	according to
我们的	*wǒ men de*	our
样式	*yàng shì*	**likeness**
造 {创造}	*zào*	create
人	*rén*	person

---

[4] Use of 说 instead of the Classical Chinese 曰 (as in the earlier 文理和合译本 Wenli Union Version and the 委办译本 Delegates Version) exemplifies the 和合本 translators' employment of colloquial language rather than a literary dialect. To access the text of older literary Chinese Bible translations, see *bible.fhl.net*. For treatment of the production of the 和合本 as the pinnacle of missionary-led Chinese Bible translation, see Ann Cui'an Peng, *The Translation of the Bible into Chinese: The Origin and Unique Authority of the Union Version*, Studies in Chinese Christianity (Eugene, OR: Pickwick, 2021).

[5] Some printings of the 和合本 have 形象 here. For the differences in meaning between 象 and 像, see Bing Li and Li Wei, eds., *Jian hua zi fan ti zi yi ti zi bian xi zi dian* (in Chinese) (Chengdu: Sichuan People's Press, 1995), 291–292.

DAY 4 • WEEK 1 • JAN 4   GENESIS 1:27   创世记 1:27

So God created man **in** (照着) his own image, in the image of God he created him; male and female he created them. (ESV)

照着	zhào zhe	(prep) **according to**
乃是	nǎi shì	(conj) **indeed**

神就**照着**自己的形像造人，**乃是**照着他的形像造男造女。

神	shén	God
(就) **照着**	(jiù) zhào zhe	**according to**
自己	zìjǐ	own
(的) 形像	(de) xíng xiàng	image
造	zào	create
人	rén	person
乃是 [6]	(nǎi shì)	**indeed**
照着	zhào zhe	**according to**
他的	tā de	his
形像	xíng xiàng	image
造	zào	create
男	nán	male
造	zào	create
女	nǚ	female

---

[6] Modern Chinese Bible translations such as the 新译本 (Chinese New Version) typically use 就是 instead of 乃是.

创世记 2:7a GENESIS 2:7a JAN 5 • WEEK 1 • DAY 5

Then **the Lord** (耶和华) God formed the man of **dust** (尘土) from the ground and breathed into his nostrils the breath of life. (ESV)

| 耶和华 | Yē hé huá | (n) the Lord |
| 尘土 | chén tǔ | (n) dust |

耶和华神用地上的尘土造人,将生气吹在他鼻孔里。

耶和华 [7]	Yē hé huá	**The Lord** (Yahweh)
神	shén	God
用 {使用}	yòng	use
地上	dì shàng	ground
(的) 尘土	(de) chén tǔ	**dust**
造	zào	create
人	rén	man
(将)[8] 生气	(jiāng) shēng qì	breath of life
吹	chuī	blow
(在) 他	(zài) tā	his
鼻孔 (里)	bí kǒng (lǐ)	nostril

[7] The rendering of the divine name is a contested issue in Chinese Bible translation. The 和合本 uses 耶和华 (approximating "Jehovah"). The 思高 on one hand uses 上主 to complement 天主 (its term for "God"), and on the other hand uses 雅威 (a transcription of "Yahweh") when the biblical text emphasizes the term as a name. See both 上主 and 雅威 in Exod 15:3 (思高): 上主是战士,名叫"雅威"。See Day 7 for further discussion.

[8] See the development of this meaning of 将 as object marker in Janet Zhiqun Xing, "Grammaticalization of Verbs in Mandarin Chinese," *Journal of Chinese Linguistics* 31 (2003): 101–144, esp. 122–127.

DAY 6 • WEEK 1 • JAN 6   GENESIS 3:15a   创世记 3:15a

I will put **enmity** (仇) between you and the woman, and between your **offspring** (后裔) and her **offspring** (后裔). (ESV)

| 仇 | chóu | (n) enmity |
| 后裔 | hòu yì | (n) offspring |

我又要叫你和女人彼此为仇，你的后裔和女人的后裔也彼此为仇。

我	wǒ	I
(又要) 叫	(yòu yào) jiào	cause
你 [9]	nǐ	you
(和)[10] 女人	(hé) nǚ rén	woman
(彼此为) 仇	(bǐ cǐ wéi) chóu	**enmity**
你的	nǐ de	your
后裔	hòu yì	**offspring**
(和) 女人 (的)	(hé) nǚ rén (de)	woman
后裔	hòu yì	**offspring**
(也彼此为) 仇	(yě bǐ cǐ wéi) chóu	**enmity**

---

[9] 你 is the gender-neutral second person singular pronoun. A specifically feminine second person singular pronoun 妳 has appeared in modern Chinese. See Maari Kansa, "Assigning femininity: The use of gendered second- and third-person pronouns in contemporary Chinese" (B.A. thesis, University of Turku, 2024).

[10] 和 "and" is a coordinating conjunction in the same class as 跟, 同 (southern China), and 与 (literary contexts) that joins noun phrases. See Claudia Ross et al., *Modern Mandarin Chinese Grammar: A Practical Guide*, 3rd ed. (New York: Routledge, 2024), 95.

But Noah found grace **in the eyes** (眼中) of the LORD. (ESV)

| 惟有 | wéi yǒu | (adv) only |
| 眼中 | yǎn zhōng | in the eyes |

惟有挪亚在耶和华**眼中**蒙恩。

惟有 [11]	*wéi yǒu*	**only**
挪亚	*Nuó yà*	Noah
(在) 耶和华 [12]	*(zài) Yē hé huá*	the LORD
眼中	*yǎn zhōng*	**in the eyes**
(蒙) [13] 恩 {恩惠 or 恩典}	*(méng) ēn*	grace

---

[11] 唯有 is more typical in contemporary Chinese writing.

[12] The reading "Jehovah" for the divine name (from which 耶和华 derives) is a mistaken reading of the Hebrew text. See Cyrus H. Gordon, "The Pointing of יְהוָֹה," *Zeitschrift für die alttestamentliche Wissenschaft* 15 (1938): 174. However, from a Chinese cultural perspective 耶和华 possesses an advantage over the main alternative 雅威. Considering the convention of placing a person's family name before his or her personal name, 耶和华 ("the LORD") and 耶稣 ("Jesus") sharing the same first character implies a familial relationship. See Nataly Kelly and Jost Zetzsche, *Found in Translation: How Language Shapes Our Lives and Transforms the World* (New York: Perigree, 2012), 109.

[13] See Day 190.

I will **bless** (祝福) those who bless you, and the one who **curses** (咒诅) you I will curse. (NRSV)

| 祝福 | zhù fú | (n, v) **blessing, bless** |
| 咒诅 | zhòu zǔ | (n, v) **curse** |

为你祝福的，我必赐福与他。那咒诅你的，我必咒诅他。

(为) 你	(wèi) nǐ	you
祝福 (的)	zhù fú (de)	**bless**
我	wǒ	I
(必) 赐 [14] 福	(bì) cì fú	bless
(与) 他	(yǔ) tā	he
(那) 咒诅	(nà) zhòu zǔ	**curse**
你 (的)	nǐ (de)	you
我	wǒ	I
(必) 咒诅	(bì) zhòu zǔ	**curse**
他	tā	he

---

[14] From a sociolinguistics standpoint, 赐 (see Day 215) entails a senior giving something to a subordinate, while 献 (see Day 193) communicates giving in the opposite direction: a subordinate giving to a senior. See Paul F. Rouzer, *A New Practical Primer of Literary Chinese* (Cambridge, MA: Harvard University Press, 2007), 48.

And he **believed** (信) the Lord, and he counted it to him as **righteousness** (义). (ESV)

| 信 | *xìn* | (v) **believe** |
| 义 | *yì* | (n) **righteousness** |

亚伯兰**信**耶和华，耶和华就以此为他的**义**。

亚伯兰	*Yà bó lán*	Abram
信 {相信}	*xìn*	**believe**
耶和华	*Yē hé huá*	the Lord
耶和华	*Yē hé huá*	the Lord
(就以) 此 (为)[15]	*(jiù yǐ) cǐ (wéi)*	this
他的	*tā de*	his
义 {公义}	*yì*	**righteousness**

---

[15] This is the 以 A 为 B construction, which means "consider A to be B." See Irene Liu and Xiaoqi Li, *A Chinese Text for a Changing China* (Beijing, Peking University Press, 1991), 61. See Day 37.

DAY 10 • WEEK 2 • JAN 10 — GENESIS 17:7a — 创世记 17:7a

And I will **establish** (坚立) my covenant between me and you and your offspring after you throughout their generations for an **everlasting** (永远) covenant. (ESV)

坚立	*jiān lì*	(v) **establish**
永远	*yǒng yuǎn*	(adj) **everlasting**

我要与你并你世世代代的后裔**坚立**我的约，作**永远**的约。

我	*wǒ*	I
要	*yào*	will
(与) 你	*(yǔ) nǐ*	you
(并) 你	*(bìng) nǐ*	your
世世代代 [16] (的)	*shì shì dài dài (de)*	all generations
后裔	*hòu yì*	descendant
坚立	*jiān lì*	**establish**
我的	*wǒ de*	my
约 {盟约}	*yuē*	covenant
作	*zuò*	do, be, regard as
永远 (的)	*yǒng yuǎn (de)*	**everlasting**
约	*yuē*	covenant

---

[16] Here 世代 *shì dài* "generation" (See Day 209) undergoes AABB reduplication (first character repeated, then second character repeated), resulting in 世世代代 *shì shì dài dài*. AABB reduplication in nouns often communicates "all" of the AB noun. See Chuangming Zhu, *Xian dai Han yu: Shi yong yu fa fen xi*, 2 vols. (in Chinese) (Beijing: Tsinghua University Press, 2005), 1:110.

Is anything **too hard** (**难成**) for the LORD? (ESV)

| 岂有 | qǐ yǒu | how can it be? |
| 难成 | nán chéng | too hard |

耶和华**岂有难成**的事吗?

耶和华	Yē hé huá	The LORD (Yahweh)
岂有	qǐ yǒu	**how can it be?**
难成	nán chéng	**too hard**
(的) 事 {事情} (吗)[17]	(de) shì (ma)	thing, situation

---

[17] The sentence-final particle 吗 marks yes-no questions. See Wen-Hua Teng, *Yufa! A Practical Guide to Mandarin Chinese Grammar*, 2nd ed. (New York: Routledge, 2017), 16–17, 272–273.

DAY 12 • WEEK 2 • JAN 12 — GENESIS 22:18 — 创世记 22:18

And in your offspring shall **all the nations** (**万国**) **of the earth** (**地上**) be blessed, because you have obeyed my voice. (ESV)

| 万国 | wàn guó | (n) all nations |
| 地上 | dì shàng | on the earth |

并且**地上****万国**都必因你的后裔得福，因为你听从了我的话。

并且	bìng qiě	and
地上	**dì shàng**	**on the earth**
万国	**wàn guó**	**all nations**
(都必因) 你的	(dōu bì yīn) nǐ de	your
后裔	hòuyì	descendant
得福	dé fú	receive blessing
(因为) 你	(yīn wèi) nǐ	you
听从 (了)[18]	(tīng cóng) le	listen
我的	wǒ de	my
话	huà	voice

---

[18] This is the aspect particle 了, which signals perfective aspect. Xiao and McEnery explain that the aspect particle 了 presents a situation "as an actualized single whole." See Richard Xiao and Tony McEnery, *Aspect in Mandarin Chinese: A Corpus-Based Study*, Studies in Language Companion Series 73 (Philadelphia: John Benjamins, 2004), 89–131, esp. 89.

创世记 28:15 — GENESIS 28:15 — JAN 13 · WEEK 2 · DAY 13

Behold, I am **with** (同在) you ... For I will not leave you until I have done what I have **promised** (应许) you. (ESV)

| 与 X 同在 | (yǔ) X tóng zài | together with X |
| 应许 | yīng xǔ | (n) **promise** |

我也与你同在。…… 总不离弃你，直到我成全了向你所应许的。

我	wǒ	I
(也) 与你同在	(yě) yǔ nǐ tóng zài	**with** you
总不	zǒng bù	never
离弃	lí qì	abandon
你	nǐ	you
直到	zhí dào	until
我	wǒ	I
成全 (了)	chéng quán (le)	accomplish
(向) 你	(xiàng) nǐ	you
(所) 应许 (的)[19]	(suǒ) yīng xǔ (de)	**promise**

---

[19] 所……的 is a relative clause construction placed after a grammatical subject. See Bonnie Chiu, "An Object Clitic Projection in Mandarin Chinese," *Journal of East Asian Linguistics* 4/2 (1995): 77–117.

DAY 14 • WEEK 2 • JAN 14 — GENESIS 32:28 — 创世记 32:28

Then he said, "Your name shall no longer be called Jacob, but **Israel** (**以色列**), for you have striven with God and with men, and have **prevailed**." (**得胜**) (ESV)

以色列	*Yǐ sè liè*	(n) **Israel**
得胜	*dé shèng*	(v) **prevail**

那人说：你的名不再叫雅各，要叫**以色列**，因为你与神与人较力，都**得**了**胜**。

(那) 人	*(nà) rén*	person
说	*shuō*	say
你的	*nǐ de*	your
名	*míng*	name
不再	*bù zài*	no longer
叫	*jiào*	call
雅各	*Yǎ gè*	Jacob
(要) 叫	*(yào) jiào*	call
以色列	*Yǐ sè liè*	**Israel**
(因为) 你	*(yīn wèi) nǐ*	you
(与) 神	*(yǔ) shén*	God
(与) 人	*(yǔ) rén*	person
较力	*jiào lì*	strive
(都) **得** (了) **胜** [20]	*(dōu) dé (le) shèng*	**prevail**

[20] See Day 55.

创世记 37:3　　GENESIS 37:3　　JAN 15 • WEEK 3 • **DAY 15**

Now Israel loved Joseph **more than** (过于) any other of his sons … And he made him a **robe of many colors** (彩衣). (ESV)

| 过于 | *guò yú* | (prep) **more than** |
| 彩衣 | *cǎi yī* | (n) **robe of many colors** |

以色列原来爱约瑟过于爱他的众子……他给约瑟作了一件彩衣。

以色列	*Yǐ sè liè*	Israel
原来	*yuán lái*	it turns out that
爱	*ài*	love
约瑟	*Yuē sè*	Joseph
过于	*guò yú*	**more than**
爱	*ài*	love
他的	*tā de*	his
(众) 子 [21]	*(zhòng) zǐ*	son
他	*tā*	he
给	*gěi*	give
约瑟	*Yuē sè*	Joseph
作 (了)	*zuò (le)*	make
(一件)[22] 彩衣	*(yī jiàn) cǎi yī*	**robe of many colors**

[21] When 子 is a noun suffix, it carries the neutral tone in its pronunciation (*zi*). However, here in Genesis 37:3 子 is the noun "son" itself, so its pronunciation uses the third tone instead (*zǐ*).

[22] See Day 292.

When Judah saw her, he thought she was a **prostitute** (妓女), for she had covered her **face** (脸). (ESV)

妓女	*jì nǚ*	(n) **prostitute**
脸	*liǎn*	(n) **face**

犹大看见她，以为是妓女，因为她蒙着脸。

犹大	*Yóu dà*	Judah
看见	*kàn jiàn*	see
她	*tā*	she
以为 [23]	*yǐ wéi*	mistakenly think
(是) 妓女	*(shì) jì nǚ*	**prostitute**
(因为) 她	*(yīn wèi) tā*	she
蒙 (着)[24] 脸 [25]	*méng (zhe) liǎn*	cover the **face**

---

[23] In modern Chinese speech 以为 is a verb that often expresses judgments that have shown not to correspond with reality, and a statement that contrastingly reveals the truth of the matter at hand can follow. See Jianhua Bai, *Chinese Grammar Made Easy: Dui Han yu yu yan dian jiao xue 150 li* (in Chinese) (New Haven, CT: Yale University Press, 2009), 249. A recent study indicates that native Chinese speakers use 以为 in modal contexts with a low degree of evidence to support a proposition. See Yaoru Ye and Yu-Yin Hsu, "Native Speakers' Judgment of the Epistemic Evidentiality of Synonym Verbs of 'Think' in Mandarin: A Corpus-Based Study of Renwei, Yiwei, Juede, Kaolü, and Xiang," pages 301–315 in Minghui Dong et al., eds., *Chinese Lexical Semantics: 24th Workshop, CLSW 2023 Singapore, Singapore, May 19–21, 2023, Revised Selected Papers, Part II* (Singapore: Springer, 2024).

[24] The durative marker 着 converts 蒙 ("cover") into a stative verb (here, "was covering"). See Jerry Norman, *Chinese* (Cambridge: Cambridge University Press, 1988), 164.

[25] Another common word for "face" in modern Chinese is 面. According to Zhai, the use of 面 includes the face as a body part (usually 脸) as well as metaphorical meanings regarding social standing that are broader than relational uses of 脸. See Xuewei Zhai, *Zhong guo ren xing dong de luo ji* (in Chinese) (Beijing: Social Sciences Academic Press, 2001), 75–76.

创世记 45:7 GENESIS 45:7 JAN 17 • WEEK 3 • **DAY 17**

… to preserve you a posterity in the earth, and to **save** (**保全**) your lives by a great **deliverance** (**拯救**). (KJV)

| 拯救 | *zhěng jiù* | (n, v) **salvation, save** |
| 保全 | *bǎo quán* | (v) **preserve** |

……为要给你们存留余种在世上，又要大施拯救，保全你们的生命。

(为要) 给	(*wèi yào*) *gěi*	give
你们	*nǐ men*	you (plural)
存留	*cún liú*	preserve
余种	*yú zhǒng*	remnant
在世上	*zài shì shàng*	on the earth
(又要) 大施	(*yòu yào*) *dà shī*	greatly bestow
拯救	*zhěng jiù*	**salvation**
保全	*bǎo quán*	**preserve**
你们的	*nǐ men de*	your (plural)
生命	*shēng mìng*	life

DAY 18 • WEEK 3 • JAN 18 — GENESIS 50:25 — 创世记 50:25

"God will surely **visit** (看顾) you, and you shall **carry** (搬) up my bones from here." (ESV)

| 看顾 | *kàn gù* | (v) **visit** |
| 搬 | *bān* | (v) **move** |

神必定**看顾**你们。你们要把我的骸骨从这里**搬**上去。

神	*shén*	God
必定	*bì dìng*	be sure
看顾	*kàn gù*	**visit**
你们	*nǐ mén*	you (plural)
你们	*nǐ mén*	you (plural)
要	*yào*	will
(把)[26] 我的	(*bǎ*) *wǒ de*	my
骸骨	*hái gǔ*	skeleton
(从) 这里	(*cóng*) *zhè lǐ*	here
搬 (上去)	*bān* (*shàng qù*)	**move**

---

[26] 把 constructions have the order 把 + object noun phrase + verb, for which the object noun phrase contains previously known information (here, Joseph's bones) that the verb highly affects (here, the move of the bones from Egypt to Canaan). The 把 construction in Gen 50:25 includes a verb compound with an upward directional expression (上去). See Hilary Chappell and Dingxu Shi, "Major Non-Canonical Clause Types: ba and bei," pages 451–483 in Chu-Ren Huang and Dingxu Shi, eds., *A Reference Grammar of Chinese* (Cambridge: Cambridge University Press, 2016), esp. 452, 456–457. Compare 你们要把我的骸骨从这里搬上去 (和合本: 把 construction) with 你们一定要带着我的骸骨一起走 (新普及译本: subject-verb-object, no 把 construction).

出埃及记 3:14　　EXODUS 3:14　　JAN 19 • WEEK 3 • DAY 19

God said to Moses, "I AM WHO I AM." (自有永有) And he said, "Say this to the people of Israel: 'I AM (自有) has sent (打发) me to you.'" (ESV)

| 自有永有 | zì yǒu yǒng yǒu | (n) I AM WHO I AM |
| 打发 | dǎ fa | (v) send |

神对摩西说:"我是**自有永有**的。"又说:"你要对以色列人这样说:'那自有的**打发**我到你们这里来。'"

神	shén	God
(对) 摩西	(duì) Mó xī	Moses
说	shuō	say
我 (是)	wǒ (shì)	I
自有永有 (的)	zì yǒu yǒng yǒu (de)	**I AM WHO I AM**
(又) 说	(yòu) shuō	say
你	nǐ	you
(要对) 以色列人	(yào duì) Yǐ sè liè rén	people of Israel
这样	zhè yàng	like this
说	shuō	say
(那) **自有** (的)	(nà) zì yǒu (de)	**I AM**
打发	dǎ fa	**send**
我	wǒ	I
(到) 你们 (这里来)	(dào) nǐ men (zhè lǐ lái)	you (plural)

DAY 20 • WEEK 3 • JAN 20　　EXODUS 12:13a　　出埃及记 12:13a

The blood shall be a **sign** (记号) for you, on the houses where you are. And when I see the blood, I will **pass over** (越过) you. (ESV)

| 记号 | jì hào | (n) sign |
| 越过 | yuè guò | (v) pass over |

这血要在你们所住的房屋上作记号，我一见这血，就越过你们去。

(这) 血	(zhè) xuè	blood
(要在) 你们	(yào zài) nǐ men	you (plural)
(所) 住 (的)	(suǒ) zhù (de)	live
房屋 (上)	fáng wū (shàng)	house
(作) 记号	(zuò) jì hào	**sign**
我	wǒ	I
(一)²⁷ 见 {看见}	(yī) jiàn	see
(这) 血	(zhè) xuè	blood
(就) 越过	(jiù) yuè guò	**pass over**
你们 (去)	nǐ men (qù)	you

---

[27] This is the sequential use of 一 that means "once [verb action of 见] happens …". Claudia Ross et al., *Modern Mandarin Chinese Grammar: A Practical Guide*, 3rd ed. (New York: Routledge, 2024), 37.

EXODUS 14:14

The LORD will **fight** (**争战**) for you, and you have only to be **silent** (**静默**). (ESV)

| 争战 | *zhēng zhàn* | (v) **fight** |
| 静默 | *jìng mò* | (n) **silent** |

耶和华必为你们争战，你们只管静默，不要作声。

耶和华	*Yē hé huá*	The LORD
(必为) 你们	*(bì wèi) nǐ men*	you (plural)
争战	*zhēng zhàn*	**fight**
你们	*nǐ men*	you (plural)
只管	*zhǐ guǎn*	only
静默	*jìng mò*	**silent**
(不要) 作声	*(bù yào) zuò shēng*	make a sound

DAY 22 • WEEK 4 • JAN 22   EXODUS 19:5a   出埃及记 19:5a

Now (如今) therefore, if you will indeed **obey** (听从) my voice and keep my covenant, you shall be my treasured possession among all peoples. (ESV)

| 如今 | rú jīn | (adv) **now** |
| 听从 | tīng cóng | (v) **obey** |

如今你们若实在听从我的话，遵守我的约，就要在万民中作属我的子民。

如今	*rú jīn*	**now**
你们	*nǐ men*	you (plural)
(若)[28] 实在	*(ruò) shí zài*	indeed
听从	*tīng cóng*	**obey**
我的	*wǒ de*	my
话	*huà*	voice
遵守	*zūn shǒu*	keep
我的	*wǒ de*	my
约	*yuē*	covenant
(就要在) 万民 (中)	*(jiù yào zài) wàn mín (zhōng)*	all peoples
作	*zuò*	be
属我的	*shǔ wǒ de*	belong to me
子民	*zǐ mín*	people

---

[28] For expressing "if" in the 和合本, 若 is far more common than 如果. 就 marks the "then" clause. See Jian Kang Loar, *Chinese Syntactic Grammar: Functional and Conceptual Principles*, Berkeley Models of Grammars 9 (New York: Peter Lang, 2011), 217–219.

出埃及记 20:4 — EXODUS 20:4 — JAN 23 • WEEK 4 • DAY 23

You shall not make for yourself a **carved image** (**偶像**), or any **likeness** (**仿佛**) of anything that is in heaven above, or that is in the earth beneath, or that is in the water under the earth. (ESV)

偶像	ǒu xiàng	(n) **idol**
仿佛	fǎng fú	(adj) **resembling**

不可为自己雕刻**偶像**，也不可作什么形像**仿佛**上天，下地，和地底下，水中的百物。

不可	bù kě	must not
(为) 自己	(wèi) zì jǐ	self
雕刻	diāo kè	carve
偶像	ǒu xiàng	**idol**
(也) 不可	(yě) bù kě	must not
作	zuò	make
什么	shén me	any
形像	xíng xiàng	image
仿佛	fǎng fú	**resembling**
(上) 天	(shàng) tiān	heaven
(下) 地	(xià) dì	earth
(和) 地底 (下)	(hé) dì dǐ (xià)	under the surface
水 (中)	shuǐ (zhōng)	water
(的) 百物	(de) bǎi wù	everything

DAY 24 • WEEK 4 • JAN 24   EXODUS 20:12   出埃及记 20:12

Honor (**孝敬**) your father and your mother, that your days may be **long** (**长久**) in the land that the LORD your God is giving you. (ESV)

| 孝敬 | xiào jìng | (v) **honor** |
| 长久 | cháng jiǔ | (adv) **long-lasting** |

当**孝敬**父母，使你的日子在耶和华你神所赐你的地上得以**长久**。

(当) 孝敬	(dāng) xiào jìng	**honor**
父母	fù mǔ	father and mother
(使) 你的	(shǐ) nǐ de	your
日子	rì zi	day
(在) 耶和华	(zài) Yē hé huá	the LORD
你	nǐ	you
神 (所)	shén (suǒ)	God
赐 {赐给}	cì	give
你	nǐ	you
(的) 地上	(de) dì shàng	land
得以	dé yǐ	be able to
长久	cháng jiǔ	**long-lasting**

EXODUS 33:14

The Lord answered: I **myself** (亲自) will go along, to give you **rest** (安息). (NABRE)

| 亲自 | qīn zì | (pro) **oneself** |
| 安息 | ān xī | (n) **rest** |

耶和华说："我必**亲自**和你同去，使你得**安息**。"

耶和华	Yē hé huá	The Lord
说	shuō	say
我	wǒ	I
(必) 亲自	(bì) qīn zì	**oneself**
(和) 你	(hé) nǐ	you
(同) 去	(tóng) qù	go
(使) 你	(shǐ) nǐ	you
得	dé	receive
安息 [29]	ān xī	**rest**

---

[29] See 安息日 "Sabbath day" on Day 201.

DAY 26 • WEEK 4 • JAN 26   EXODUS 33:19b   出埃及记 33:19b

I will **be gracious** (恩待) to whom I will **be gracious** (恩待), and will **show mercy** (怜悯) on whom I will **show mercy** (怜悯). (ESV)

| 恩待 | ēn dài | (v) be gracious to |
| 怜悯 | lián mǐn | (n, v) mercy, be merciful to |

我要恩待谁，就恩待谁：要怜悯谁，就怜悯谁。

我	wǒ	I
(要) 恩待	(yào) ēn dài	be gracious to
谁	shéi	who
(就) 恩待	(jiù) ēn dài	be gracious to
谁	shéi	who
(要) 怜悯	(yào) lián mǐn	be merciful to
谁	shéi	who
(就) 怜悯	(jiù) lián mǐn	be merciful to
谁	shéi	who

And he wrote on the **tablets** (版) the words of the covenant, the **Ten Commandments** (十诫). (ESV)

十诫	*shí jiè*	(n) **Ten Commandments**
版	*bǎn*	(n) **tablet**

耶和华将这约的话，就是**十**条**诫**，写在两块**版**上。

耶和华	*Yē hé huá*	The LORD
(将这) 约 (的)	*(jiāng zhè) yuē (de)*	covenant
话	*huà*	word
(就是) **十** (条)³⁰ **诫**	*(jiù shì) shí (tiáo) jiè*	**Ten Commandments**
写	*xiě*	write
(在) 两	*(zài) liǎng*	two
(块)³¹ **版** (上)	*(kuài) bǎn (shàng)*	**tablet**

---

³⁰ 条 is a specific measure word for "something elongated and narrow; a suggestion or rule." See Jiqing Dang and Michael Connelly, *Chinese Measure Word Dictionary: A Chinese-English English-Chinese Usage Guide* (Boston: Cheng & Tsui, 2008), 27.

³¹ 块 is a specific measure word for "a piece, lump, or chunk," such as of stone and stonelike items. See Jiqing Dang and Michael Connelly, *Chinese Measure Word Dictionary: A Chinese-English English-Chinese Usage Guide* (Boston: Cheng & Tsui, 2008), 19.

DAY 28 · WEEK 4 · JAN 28   LEVITICUS 4:16   利未记 4:16

Then the **anointed** (**受膏**) priest is to take some of the bull's blood into the **tent of meeting** (**会幕**). (NIV)

受膏	shòu gāo	(adj) **anointed**
会幕	huì mù	(n) **tent of meeting**

受膏的祭司要取些公牛的血带到会幕。

受膏	*shòu gāo*	**anointed**
(的) 祭司	*(de) jì sī*	priest
(要) 取	*(yào) qǔ*	take
(些) 公牛 (的)	*(xiē) gōng niú (de)*	bull
血	*xuè*	blood
带	*dài*	bring
(到) **会幕**	*(dào) huì mù*	**tent of meeting**

Speak to all the **congregation** (会众) of the people of Israel and say to them, You shall be **holy** (圣洁), for I the Lord your God am **holy** (圣洁). (ESV)

| 会众 | *huì zhòng* | (n) **congregation** |
| 圣洁 | *shèng jié* | (adj) **holy** |

你晓谕以色列全**会众**说，你们要**圣洁**，因为我耶和华你们的神是**圣洁**的。

你	*nǐ*	you
晓谕	*xiǎo yù*	inform
以色列	*Yǐ sè liè*	Israel
(全) 会众	*(quán) huì zhòng*	**congregation**
说	*shuō*	say
你们	*nǐ men*	you (plural)
(要) 圣洁	*(yào) sheng jié*	**holy**
(因为) 我	*(yīn wèi) wǒ*	I
耶和华	*Yē hé huá*	the Lord
(你们) 的	*(nǐ men) de*	your (plural)
神	*shén*	God
(是) 圣洁 (的)	*(shì) shèng jié (de)*	**holy**

DAY 30 • WEEK 5 • JAN 30 — LEVITICUS 26:3 利未记 26:3

If you walk in my statutes and **observe** (**谨守**) my **commandments** (**诫命**) and do them … (ESV)

谨守	jǐn shǒu	(v) adhere strictly to
诫命	jiè mìng	(n) commandment

你们若遵行我的律例，**谨守**我的**诫命**……

你们	nǐ men	you (plural)
(若) 遵行	(ruò) zūn xíng	obey
我的	wǒ de	my
律例	lǜ lì	statute
谨守	**jǐn shǒu**	**adhere strictly to**
我的	wǒ de	my
诫命	**jiè mìng**	**commandment**

利未记 26:12 — LEVITICUS 26:12

And I will **walk** (行走) among you and will be your God, and you shall be my **people** (子民). (ESV)

| 行走 | *xíng zǒu* | (v) **walk** |
| 子民 | *zǐ mín* | (n) **people** |

我要在你们中间行走，我要作你们的神，你们要作我的子民。

我	*wǒ*	I
(要在) 你们 (中间)	(*yào zài*) *nǐmen* (*zhōng jiān*)	you (plural)
行走	*xíng zǒu*	**walk**
我	*wǒ*	I
(要) 作	(*yào*) *zuò*	be
你们的	*nǐ men de*	your (plural)
神	*shén*	God
你们	*nǐ men*	you (plural)
(要) 作	(*yào*) *zuò*	be
我的	*wǒ de*	my
子民	*zǐ mín*	**people**

DAY 32 • WEEK 5 • FEB 1 — NUMBERS 1:1 — 民数记 1:1

The Lord **spoke** (**晓谕**) to Moses in the **wilderness** (**旷野**) of Sinai, in the tent of meeting, on the first day of the second month, in the second year after they had come out of the land of Egypt, saying … (ESV)

旷野	*kuàng yě*	(n) **wilderness**
晓谕	*xiǎo yù*	(v) **inform**

以色列人出埃及地后，第二年二月初一日，耶和华在西乃的**旷野**，会幕中**晓谕**摩西说：

以色列人	*Yǐ sè liè rén*	Israelite
出	*chū*	go out
埃及地 (后)	*Āi jí dì (hòu)*	Egypt
第二年	*dì èr nián*	second year
二月	*èr yuè*	second month
初一日	*chū yī rì*	first day
耶和华	*Yē hé huá*	the Lord
(在) 西乃	*(zài) Xī nǎi*	Sinai
(的) 旷野	*(de) kuàng yě*	**wilderness**
会幕 (中)	*huì mù (zhōng)*	tent of meeting
晓谕	*xiǎo yù*	**inform**
摩西	*Mó xī*	Moses
说	*shuō*	say

民数记 **14:18a** — NUMBERS 14:18a — FEB 2 • WEEK 5 • **DAY 33**

The LORD is slow to **anger** (发怒) and abounding in steadfast love, forgiving **iniquity** (罪孽) and transgression. (ESV)

| 发怒 | fā nù | (v) **get angry** |
| 罪孽 | zuì niè | (n) **iniquity** |

耶和华不轻易发怒，并有丰盛的慈爱，赦免罪孽和过犯。

耶和华	Yē hé huá	the LORD
(不) 轻易	(bù) qīng yì	easily
发怒	**fā nù**	**get angry**
(并有) 丰盛	(bìng yǒu) fēng shèng	abundant
(的) 慈爱	(de) cí ài	love
赦免	shè miǎn	forgive
罪孽 [32]	**zuì niè**	**iniquity**
(和) 过犯	(hé) guò fàn	transgression

---

[32] Words for "sin" in the 和合本 include 罪 and several two-character synonyms: 罪恶, 罪过, 罪孽, and 罪愆. The particular term 罪孽 originally derives from Chinese Buddhism. See W. A. P. Martin, "Is Buddhism a Preparation for Christianity?", *Chinese Recorder and Missionary Journal* 20 (1889): 193–203, esp. 203. On the broader issue of Chinese cultural understanding of the concept of sin mediated through Chinese religions, see James Robson, "Sin, Sinification, Sinology: On the Notion of Sin in Buddhism and Chinese Religions," pages 73–92 in Phyllis Granoff and Koichi Shinohara, eds., *Sins and Sinners: Perspectives from Asian Religions*, Numen Book Series, Studies in the History of Religions 139 (Boston: Brill, 2012).

DAY 34 • WEEK 5 • FEB 3 — NUMBERS 14:21 — 民数记 14:21

But truly, as I live, and as all the earth shall be **filled** (充满) with the glory of the Lord … (ESV)

| 起誓 | qǐ shì | (v) **swear** |
| 充满 | chōng mǎn | (adj) **full** |

然我指着我的永生**起誓**，遍地要被我的荣耀**充满**。

然 {然而} 我	(rán) wǒ	I
指着	zhǐ zhe	referring to
我的	wǒ de	my
永生	yǒng shēng	eternal life
起誓	**qǐ shì**	**swear**
遍地	biàn dì	all the earth
(要被 [33]) 我的	(yào bèi) wǒ de	my
荣耀	róng yào	glory
充满	**chōng mǎn**	**full**

---

[33] 被 is a formal marker of passive voice, and its increasing use in Chinese Bible translations through time is partly due to the influence of passive voice syntax in both the biblical languages and the native languages of many Bible translators (English in the case of the 和合本). See George Kam Wah Mak, *Protestant Bible Translation and Mandarin as the National Language of China*, Sinica Leidensia 131 (Boston: Brill, 2017), 263–275. In general, the expression of passive voice with 被 in modern Chinese is increasing due to contact with European languages. See Li Wang, *Modern Chinese Grammar*, 4 vols., trans. Bo Wang and Yuanyi Ma, China Perspectives (New York: Routledge, 2023), 4:170–171.

民数记 23:19a / NUMBERS 23:19a

God is not man, that he should **lie** (说谎), or a son of man, that he should **change his mind** (后悔). (ESV)

说谎	*shuō huǎng*	(v) **tell a lie**
后悔	*hòu huǐ*	(v) **regret**

神非人，必不致说谎，也非人子，必不致后悔。

神	*shén*	God
(非) 人	*(fēi) rén*	person
(必) 不致	*(bì) bù zhì*	not in such a way as to
说谎	*shuō huǎng*	**tell a lie**
(也非) 人子	*(yě fēi) rén zǐ*	son of man
(必) 不致	*(bì) bù zhì*	not in such a way as to
后悔	*hòu huǐ*	**regret**

DAY 36 • WEEK 6 • FEB 5 — NUMBERS 23:23a — 民数记 23:23a

For there is no **enchantment** (法术) against Jacob, no **divination** (占卜) against Israel. (ESV)

| 法术 | fǎ shù | (n) **magic** |
| 占卜 | zhān bǔ | (v) **practice divination** |

断没有法术可以害雅各，也没有占卜可以害以色列。

断 (没有)[34]	duàn (méi yǒu)	absolutely
法术	fǎ shù	**magic**
(可以) 害 {伤害}	(kě yǐ) hài	harm
雅各	Yǎ gè	Jacob
(也没有) **占卜**	(yě méi yǒu) zhān bǔ	**practice divination**
(可以) 害	(kě yǐ) hài	harm
以色列	Yǐ sè liè	Israel

---

[34] This is the non-existential "there is/are not" use of 没有, which corresponds to the existential "there is/are" use of 有. See Chris Shei, *Understanding the Chinese Language: A Comprehensive Linguistic Introduction* (New York: Routledge, 2014), 114–121.

申命记 1:23 — DEUTERONOMY 1:23 — FEB 6 • WEEK 6 • DAY 37

The idea seemed good to me; so I **selected** (选) twelve of you, one man from each **tribe** (支派). (NIV)

选	xuǎn	(v) **choose**
支派	zhī pài	(n) **tribe**

这话我以为美，就从你们中间选了十二个人，每支派一人。

(这) 话	(zhè) huà	saying
我	wǒ	I
以为美 [35]	yǐ wéi měi	consider to be good
(就) 从	(jiù) cóng	from
你们 (中间)	nǐ men (zhōng jiān)	you (plural)
选 {拣选} (了)	xuǎn (le)	**choose**
十二	shí èr	twelve
(个) [36] 人	(gè) rén	man
(每) 支派	(měi) zhī pài	**tribe**
一人	yī rén	one man

---

[35] This use of 以为 is different from the "mistaken thinking" use shown on Day 16. This is the 以 A 为 B construction (See Day 9), which means "consider A to be B." Here the A element had appeared earlier as (这) 话, so it is not necessary to repeat. See Irene Liu and Xiaoqi Li, *A Chinese Text for a Changing China* (Beijing, Peking University Press, 1991), 61.

[36] 个 is the most generic 量词 (measure word or noun classifier) in modern Chinese, marking most any countable noun. See Song Jiang, *The Semantics of Chinese Classifiers and Linguistic Relativity*, Routledge Studies in Chinese Linguistics (New York: Routledge, 2017), 57–58.

DAY 38 • WEEK 6 • FEB 7   DEUTERONOMY 4:31b   申命记 4:31b

He will not leave you or **destroy** (灭绝) you or forget the covenant with your fathers that he swore to them. (ESV)

| 总 | zǒng | (adv) always |
| 灭绝 | miè jué | (v) exterminate |

他总不撇下你，不灭绝你，也不忘记他起誓与你列祖所立的约。

他	tā	he
总 (不)	zǒng (bù)	**always**
撇下 [37]	piē xià	cast away
你	nǐ	you
(不) 灭绝	(bù) miè jué	**exterminate**
你	nǐ	you
(也不) 忘记	(yě bù) wàng jì	forget
他	tā	he
起誓	qǐ shì	swear
(与) 你	(yǔ) nǐ	you
列祖	liè zǔ	ancestors
(所) 立 (的)	(suǒ) lì (de)	establish
约	yuē	covenant

---

[37] Here 下 is a tertiary complement that indicates the "tendency" of the completion of its associated verb action. Similar tertiary complements include 上, 进, 出, 来, 去, 起, and 过. See Li Wang, *Modern Chinese Grammar*, 4 vols., trans. Bo Wang and Yuanyi Ma, China Perspectives (New York: Routledge, 2023), 1:128.

申命记 6:4 — DEUTERONOMY 6:4 — FEB 8 • WEEK 6 • DAY 39

Israel, listen! Our God is the Lord! **Only** (**独一**) the Lord! (CEB)

| 独一 | dú yī | (adj) **only** |
| 主 | Zhǔ | (n) **Lord** |

以色列啊，你要听。耶和华我们神是**独一**的**主**。

以色列 (啊)[38]	Yǐ sè liè (a)	Israel
你	nǐ	you
(要) 听	(yào) tīng	listen
耶和华	Yē hé huá	the Lord
我们	wǒ men	we
神	shén	God
是	shì	be
独一	dú yī	only
(的) **主**[39]	(de) Zhǔ	Lord

---

[38] For grammatical description of the vocative particle 啊, see Day 91.

[39] In the 和合本 Old Testament the word 主 ("Lord") does not normally translate the divine name "the Lord" or "Yahweh." Hence modern Chinese translations have 耶和华 here.

DAY 40 • WEEK 6 • FEB 9   DEUTERONOMY 8:3a   申命记 8:3a

And he humbled you and let you **hunger** (饥饿) and fed you with **manna** (吗哪), which you did not know. (ESV)

| 饥饿 | jī è | (v) hunger |
| 吗哪 | mǎ nǎ | (n) Manna |

他苦炼你，任你**饥饿**，将你和你列祖所不认识的**吗哪**赐给你吃。

他	tā	he
苦炼	kǔ liàn	humble
你	nǐ	you
任	rèn	let
你	nǐ	you
饥饿	**jī è**	**hunger**
(将) 你	(jiāng) nǐ	you
(和) 你	(hé) nǐ	you
列祖	liè zǔ	ancestor
(所不) 认识 (的)	(suǒ bù) rèn shi (de)	know
吗哪	**mǎ nǎ**	**Manna**
赐给	cì gěi	give
你	nǐ	you
吃	chī	eat

... "A wandering Aramean was my **ancestor** (祖); he went down into Egypt and **lived** there **as an alien** (寄居) ..." (NRSV)

| 祖 | zǔ | (n) ancestor |
| 寄居 | jì jū | (v) sojourn |

我祖原是一个将亡的亚兰人，下到埃及寄居。

我	wǒ	I
祖 {祖先}[40]	zǔ	**ancestor**
原	yuán	originally
是	shì	be
(一个将) 亡 (的)	(yī gè jiāng) wáng (de)	flee
亚兰人	yà lán rén	Aramean
下 (到)	xià (dào)	descend
埃及	Aī jí	Egypt
寄居	jì jū	**sojourn**

---

[40] See Day 309.

DAY 42 • WEEK 6 • FEB 11 — DEUTERONOMY 30:19a — 申命记 30:19a

I call heaven and earth to witness against you today, that I have set before you **life and death** (生死), **blessing and curse** (祸福) … (ESV)

| 生死 | shēng sǐ | (n) life and death |
| 祸福 | huò fú | (n) curse and blessing |

我今日呼天唤地向你作见证。我将**生死祸福**陈明在你面前……

我	wǒ	I
今日	jīn rì	today
呼天唤地	hū tiān huàn dì	call heaven and earth
(向) 你	(xiàng) nǐ	you
作	zuò	be
见证	jiàn zhèng	witness
我	wǒ	I
(将) 生死	(jiāng) shēng sǐ	**life and death**
祸福 [41]	huò fú	**curse and blessing**
陈明	chén míng	set before
(在) 你 (面前)	(zài) nǐ (miàn qián)	you

---

[41] In the original Biblical Hebrew text of Deut 30:19, blessing comes first, then curse. The 和合本 rendering 祸福 has the opposite word order. This is because a number of set idioms (成语) establish the pattern 祸福. See *Zhong guo cheng yu da ci dian*, (in Chinese) (Shanghai: Shanghai Dictionary Publishing House, 1987), 557–558.

JOSHUA 1:5b

I will be with you, just as I was with Moses. I will not **leave** (撇下) you or **abandon** (丢弃) you. (CSB)

| 撇下 | piē xià | (v) cast away |
| 丢弃 | diū qì | (v) abandon |

我怎样与摩西同在，也必照样与你同在。我必不撇下你，也不丢弃你。

我	wǒ	I
怎样	zěn yàng	how
(与) 摩西 (同在)	(yǔ) Mó xī (tóng zài)	Moses
(也必) 照样	(yě bì) zhào yàng	in the same way
(与) 你 (同在)	(yǔ) nǐ (tóng zài)	you
我	wǒ	I
(必不) 撇下	(bì bù) piē xià	**cast away**
你	nǐ	you
(也不) 丢弃	(yě bù) diū qì	**abandon**
你	nǐ	you

DAY 44 • WEEK 7 • FEB 13 — JOSHUA 1:8a — 约书亚记 1:8a

This Book of the Law shall not depart from your mouth, but you shall **meditate** (思想) on it **day and night** (昼夜) … (ESV)

| 昼夜 | zhòu yè | (n) day and night |
| 思想 | sī xiǎng | (n, v) thought, think |

这律法书不可离开你的口，总要**昼夜思想**……

这	zhè	this
律法 [42]	lǜ fǎ	law
书	shū	book
(不可) 离开	(bù kě) lí kāi	leave
你的	nǐ de	your
口 [43]	kǒu	mouth
总要	zǒng yào	must always
昼夜	zhòu yè	**day and night**
思想	sī xiǎng	**think**

---

[42] The typical word for "law" in modern Chinese is 法律. See *A Chinese-English Dictionary*, Beijing Foreign Language Institute English Series (Beijing: Commercial Press, 1980), 183.

[43] 口 and 嘴巴 are words for "mouth" in Chinese, while 口 is older and more literary, and 嘴巴 is newer and more oral. 嘴巴 does not appear in the 和合本, and as a mostly oral term 嘴巴 only appears four times in the 新译本. The single character 嘴 is a less used alternative to 口; see the poetic parallelism of these terms on Day 111. See Lijuan Li and Zhifu Liu, "Cognitive Semantic Analysis on 口 [*kǒu*] (*mouth*) and 嘴 [*zuǐ*] (*mouth*)," pages 163–172 in Pengyuan Liu and Qi Su, eds., *Chinese Lexical Semantics: 14th Workshop, CLSW 2013 Zhengzhou, China, May 10–12, 2013* (New York: Springer, 2013), 164.

约书亚记 1:9a — JOSHUA 1:9a

Have I not commanded you? Be **strong** (**刚强**) and **courageous** (**壮胆**). Do not be frightened, and do not be dismayed … (ESV)

刚强	gāng qiáng	(adj) **firm**
壮胆	zhuàng dǎn	(adj) **courageous**

我岂没有吩咐你吗?你当**刚强壮胆**。不要惧怕,也不要惊惶。

我	wǒ	I
岂 (没有)	qǐ (méi yǒu)	how
吩咐	fēn fù	command
你 (吗)	nǐ (ma)	you
你	nǐ	you
当	dāng	be
刚强	gāng qiáng	**firm**
壮胆	zhuàng dǎn	**courageous**
(不要) 惧怕	(bù yào) jù pà	be afraid
(也不要) 惊惶	(yě bù yào) jīng huáng	be alarmed

DAY 46 • WEEK 7 • FEB 15   JOSHUA 24:15   约书亚记 24:15

… But **as for** (至于) me and my house, we will **serve** (事奉) the Lord. (ESV)

至于	zhì yú	(prep) **as for**
事奉	shì fèng	(v) **serve**

……**至于**我和我家，我们必定**事奉**耶和华。

至于	zhì yú	**as for**
我	wǒ	I
(和) 我	(hé) wǒ	I
家	jiā	house
我们	wǒ men	we
必定	bì dìng	be sure to
事奉 [44]	shì fèng	**serve**
耶和华	Yē hé huá	the Lord

---

[44] 事奉 and 侍奉 (see Day 171) are 同义词 (synonyms), and they share an identical pronunciation. Editions of the 和合本 can vary on which term appears in a particular verse. The similarity of 事 and 侍 is also apparent in the twin terms 服事 (see Day 256) and 服侍.

士师记 2:18a   JUDGES 2:18a   FEB 16 • WEEK 7 • **DAY 47**

Whenever the LORD raised up **judges** (士师) for them, the LORD was with the **judge** (士师), and he **saved** (脱离) them from the hand of their enemies … (ESV)

| 士师 | shì shī | (n) judge |
| 脱离 | tuō lí | (v) break away from |

耶和华为他们兴起士师，就与那士师同在……耶和华拯救他们脱离仇敌的手。

耶和华	Yē hé huá	the LORD
(为) 他们	(wèi) tā men	them
兴起	xīng qǐ	rise
士师 [45]	shì shī	**judge**
(就与那) 士师	(jiù yǔ nà) shì shī	**judge**
同在	tóng zài	with
耶和华	Yē hé huá	the LORD
拯救	zhěng jiù	save
他们	tā men	them
脱离	tuō lí	**break away from**
仇敌	chóu dí	enemy
(的) 手	(de) shǒu	hand

---

[45] The most common word for "judge" in modern Chinese is 法官.

DAY 48 • WEEK 7 • FEB 17 — JUDGES 6:24a — 士师记 6:24a

So Gideon **built** (筑) an **altar** (坛) to the Lord there and called it Yahweh Shalom. (HCSB)

| 筑 | zhù | (v) build |
| 坛 | tán | (n) altar |

于是基甸在那里为耶和华筑了一座坛，起名叫耶和华沙龙。

(于是) 基甸	(yú shì) Jī diàn	Gideon
(在) 那里	(zài) nà lǐ	there
(为) 耶和华	(wèi) Yē hé huá	the Lord
筑 {建筑} (了)	zhù (le)	**build**
(一座)[46] 坛 {祭坛}	(yī zùo) tán	**altar**
起名叫	qǐ míng jiào	give a name
耶和华	Yē hé huá	the Lord
沙龙	shā lóng	shalom (Hebrew: peace)

---

[46] 座 is a specific measure word for "a building, a statue." See Jiqing Dang and Michael Connelly, *Chinese Measure Word Dictionary: A Chinese-English English-Chinese Usage Guide* (Boston: Cheng & Tsui, 2008), 34–35.

In those days there was no king in Israel. **Everyone** (各人) did what was right **in his own eyes** (任意). (ESV)

各人	*gè rén*	(n) **everyone**
任意	*rèn yì*	(adv) **arbitrarily**

那时，以色列中没有王，各人任意而行。

那时	*nà shí*	at that time
以色列 (中)	*Yǐ sè liè (zhōng)*	Israel
(没有) 王	*(méi yǒu) wáng*	king
各人	*gè rén*	**everyone**
任意	*rèn yì*	**arbitrarily**
(而) 行	*(ér) xíng*	do

DAY 50 • WEEK 8 • FEB 19 — RUTH 1:16a — 路得记 1:16a

But Ruth said, "Do not **urge** (催) me to leave you or to return from following you … where you **lodge** (住宿) I will **lodge** (住宿). (ESV)

| 催 | cuī | (v) urge |
| 住宿 | zhù sù | (v) lodge |

路得说，不要催我回去不跟随你……你在哪里住宿，我也在那里住宿。

路得	Lù dé	Ruth
说	shuō	say
(不要) 催	(bù yào) cuī	**urge**
我	wǒ	me
回去	huí qù	return
(不) 跟随	(bù) gēn suí	follow
你	nǐ	you
你	nǐ	you
(往) 哪里	(wǎng) nǎ lǐ	where
住宿	zhù sù	**lodge**
我	wǒ	I
(也在) 那里 [47]	(yě zài) nà lǐ	there
住宿	zhù sù	**lodge**

---

[47] Some editions of the 和合本 have 哪里 here instead, as do many modern Chinese Bible translations. Chinese Bibles that have 那里 include 思高 and 现代中文译本.

撒母耳记上 2:2　　1 SAMUEL 2:2

There is none holy like the Lord: for there is none **besides** (除) you (以外); there is no rock **like** (可比) our salvation. (ESV)

| 除 X 以外 | *chú* X *yǐ wài* | **other than** X |
| 可比 | *kě bǐ* | (adj) **comparable** |

只有耶和华为圣。**除**他**以外**没有**可比**的，也没有磐石像我们的神。

(只有) 耶和华	(*zhǐ yǒu*) *Yē hé huá*	the Lord
(为) 圣	(*wéi*) *shèng*	holy
除他 [48] **以外**	*chú tā yǐwài*	**other than** he
(没有) **可比** (的)	(*méi yǒu*) *kě bǐ* (*de*)	**comparable**
(也没有) 磐石	(*yě méi yǒu*) *pán shí*	rock
像	*xiàng*	like
我们 (的)	*wǒ men* (*de*)	our
神	*shén*	God

---

[48] The third person masculine singular pronoun 他 is a translation error in the 和合本. Instead, the verse should have 除你以外, as in the 新译本. In Christian settings other than Bible translations, the expected form would likely be 祢 (the form of "you" reserved for God), as in the popular worship song 《除祢以外》. See Tracie Lin, "*Chu ni yi wai*," *Ye he hua zhu fu man man* (Stream of Praise, 1997).

DAY 52 • WEEK 8 • FEB 21   1 SAMUEL 16:7b   撒母耳记上 16:7b

For the Lord sees not as man sees: man looks on the **outward appearance** (外貌), but the Lord looks on the **heart** (内心). (ESV)

| 外貌 | wài mào | (n) **outward appearance** |
| 内心 | nèi xīn | (n) **innermost being** |

耶和华不像人看人，人是看**外貌**。耶和华是看**内心**。

耶和华	Yē hé huá	the Lord
(不) 像	(bù) xiàng	like
人	rén	person
看	kàn	see
人	rén	person
人	rén	person
是	shì	be
看	kàn	see
外貌	wài mào	**outward appearance**
耶和华	Yē hé huá	the Lord
是	shì	be
看	kàn	see
内心	nèi xīn	**innermost being**

… "You come to me with a sword and with a spear and with a javelin, but I come to you in the name of the LORD of **hosts** (万军) …" (ESV)

| 攻击 | gōng jī | (v) **attack** |
| 万军 | wàn jūn | (n) **armies** |

……你来**攻击**我，是靠着刀枪和铜戟。我来**攻击**你，是靠着**万军**之耶和华的名……

你	nǐ	you
(来) **攻击**	(lái) gōng jī	**attack**
我	wǒ	me
(是) 靠 (着)	(shì) kào (zhe)	depend upon
刀枪 [49]	dāo qiāng	sword and spear
(和) 铜戟	(hé) tóng jǐ	javelin
我	wǒ	me
(来) **攻击**	(lái) gōng jī	**attack**
你	nǐ	you
(是) 靠 (着)	(shì) kào (zhe)	depend upon
万军 (之)[50] 耶和华	wàn jūn (zhī) Yē hé huá	the LORD of **hosts**
(的) 名	(de) míng	name

---

[49] "Firearm" is the expected meaning of 枪 in modern Chinese rather than "spear."

[50] Here 之 is a structural particle equivalent to 的 in modern Chinese. See Mei Ah Tan, *A Dictionary of High Frequency Function Words in Literary Chinese* (New York: Routledge, 2023), 328.

DAY 54 • WEEK 8 • FEB 23   2 SAMUEL 6:17a   撒母耳记下 6:17a

And they brought in the **ark** (约柜) of the L ORD and set it in its place, inside the **tent** (帐幕) that David had pitched for it. (ESV)

| 约柜 | *yuē guì* | (n) **ark of the covenant** |
| 帐幕 | *zhàng mù* | (n) **tent** |

众人将耶和华的**约柜**请进去，安放在所预备的地方，就是在大卫所搭的**帐幕**里。

众人	*zhòng rén*	many people
(将) 耶和华 (的)	*(jiāng)* Yē hé huá *(de)*	the L ORD
约柜	*yuē guì*	**ark of the covenant**
(请)[51] 进去	*(qǐng) jìn qù*	enter
安放	*ān fàng*	place
(在所) 预备 (的)	*(zài suǒ) yù bèi (de)*	prepare
地方	*dì fāng*	place
(就是在) 大卫	*(jiù shì zài) Dà wèi*	David
(所) 搭 (的)	*(suǒ) dā (de)*	build
帐幕 (里)	*zhàng mù (lǐ)*	**tent**

---

[51] For learners of Chinese, this is an unexpected use of 请 (see Day 139 for its common use as a politeness marker). Here it signals an action performed reverently. See Katheryn K. K. Leung, *Sa mu er ji xia* (in Chinese) (Hong Kong: Tian Dao, 2009), 221.

I will be to him a father, and he shall be to me a **son** (子). When he **commits iniquity** (犯罪) ... (ESV)

| 子 | zǐ | (n) **son** |
| 犯罪 | fàn zuì | (v) **commit sin** |

我要作他的父,他要作我的子。他若犯了罪……

我	wǒ	I
(要) 作	(yào) zuò	be
他的	tā de	his
父	fù	father
他	tā	he
(要) 作	(yào) zuò	be
我的	wǒ de	my
子	zǐ	**son**
他	tā	he
(若) 犯 (了) 罪 [52]	(ruò) fàn (le) zuì	**commit sin**

---

[52] 犯罪 is a 离合词, or "splittable compound," which allows the insertion of additional words (such as the aspect particle 了) between its head and tail characters. See Xingjian Zhou, Huibang Yu, and Xingfa Yang, eds., *Xian dai Han yu gui fan yong fa da ci dian* (in Chinese) (Beijing: Xue Yuan Publishing, 1997), 293 and Jerome Packard, "Lexical Word Formation," pages 67–80 in Chu-Ren Huang and Dingxu Shi, eds., *A Reference Grammar of Chinese* (Cambridge: Cambridge University Press, 2016), 76–77.

DAY 56 • WEEK 8 • FEB 25 — 2 SAMUEL 22:2 — 撒母耳记下 22:2

He said, "The Lord is my **rock** (岩石) and my **fortress** (山寨) and my deliverer." (ESV)

| 岩石 | *yán shí* | (n) rock |
| 山寨 | *shān zhài* | (n) fortress |

说:"耶和华是我的岩石,我的山寨,我的救主"。

说	*shuō*	say
耶和华	*Yē hé huá*	the Lord
是	*shì*	be
我的	*wǒ de*	my
岩石	*yán shí*	**rock**
我的	*wǒ de*	my
山寨 [53]	*shān zhài*	**fortress**
我的	*wǒ de*	my
救主	*Jiù zhǔ*	savior

---

[53] Eclipsing the literal "mountain fortress" meaning of 山寨 is the present-day use of the term to denote counterfeit products from China. See Stefan Landsberger, "*Shanzhai* = Creativity, Creativity = *Shanzhai*," pages 217–224 in Jeroen de Kloet, Chow Yiu Fai, and Lena Scheen, eds., *Boredom, Shanzhai, and Digitisation in the Time of Creative China* (Amsterdam: Amsterdam University Press, 2019).

列王纪上 2:1 — 1 KINGS 2:1

When David's time to die **drew near** (临近), he **commanded** (嘱咐) Solomon his son, saying … (ESV)

| 临近 | lín jìn | (v) **draw near** |
| 嘱咐 | zhǔ fù | (v) **command** |

大卫的死期临近了，就嘱咐他儿子所罗门说：

大卫 (的)	Dà wèi (de)	David
死期	sǐ qī	time of death
临近 (了)	lín jìn (le)	**draw near**
(就) **嘱咐**	(jiù) zhǔ fù	**command**
他	tā	he
儿子	ér zi	son
所罗门	Suǒ luó mén	Solomon
说	shuō	say

DAY 58 • WEEK 9 • FEB 27 — 1 KINGS 3:9a — 列王纪上 3:9a

So give your servant a receptive heart to **judge** (判断) your people and to **discern** (辨别) between good and evil. (CSB)

| 判断 | pàn duàn | (v) **judge** |
| 辨别 | biàn bié | (v) **discern** |

所以求你赐我智慧，可以**判断**你的民，能**辨别**是非。

所以	suǒ yǐ	therefore
求 [54]	qiú	request
你	nǐ	you
赐	cì	give
我	wǒ	me
智慧	zhì huì	wisdom
可以	kě yǐ	can
判断	pàn duàn	**judge**
你的	nǐ de	your
民	mín	people
能	néng	be able to
辨别	biàn bié	**discern**
是非	shì fēi	right and wrong

[54] Use of the imperative performative verb 求 by one of lower social standing to one of higher standing (such as in a prayer to God) "conveys a strong sense of pleading." See Gao Hong, "Features of Request Strategies in Chinese," Lund University Dept. of Linguistics, *Working Papers* 47 (1999): 73–86, esp. 76–77.

列王纪上 8:25　　1 KINGS 8:25　　FEB 28 • WEEK 9 • **DAY 59**

… if only your sons **pay close attention** (谨慎) to their **way** (行为), to walk before me as you have walked before me … (ESV)

谨慎	jǐn shèn	(v) **be careful**
行为	xíng wéi	(n) **behavior**

你的子孙若**谨慎**自己的**行为**，在我面前行事像你所行的一样……

你的	nǐ de	your
子孙	zǐ sūn	offspring
(若) **谨慎**	(ruò) jǐn shèn	**be careful**
自己 (的)	zì jǐ (de)	one's own
行为	xíng wéi	**behavior**
(在) 我 (面前)	(zài) wǒ (miàn qián)	me
行事	xíng shì	conduct
像	xiàng	like
你	nǐ	you
(所) 行 (的)	(suǒ) xíng (de)	walk
一样	yī yàng	same

DAY 60 • WEEK 9 • MAR 1   1 KINGS 8:54   列王纪上 8:54

Now as Solomon finished offering all this prayer and plea to the LORD, he arose from before the altar of the LORD, where he had **knelt** (屈膝) with **hands outstretched** (举手) toward heaven. (ESV)

| 屈膝 | qū xī | (v) kneel |
| 举手 | jǔ shǒu | (v) raise hands |

所罗门在耶和华的坛前**屈膝**跪着，向天**举手**，在耶和华面前祷告祈求已毕，就起来……

所罗门	*Suǒ luó mén*	Solomon
(在) 耶和华 (的)	*(zài) Yē hé huá (de)*	the LORD
坛 (前)	*tán (qián)*	altar
屈膝	*qū xī*	**kneel**
跪 (着)	*guì (zhe)*	kneel
(向) 天	*(xiàng) tiān*	heaven
举手	*jǔ shǒu*	**raise hands**
(在) 耶和华 (面前)	*(zài) Yē hé huá (miàn qián)*	the LORD
祷告	*dǎo gào*	pray
祈求	*qí qiú*	plea
(已 {已经}) 毕	*(yǐ) bì*	complete
(就) 起来	*(jiù) qǐ lái*	stand up

列王纪上 10:23　　1 KINGS 10:23　　MAR 2 • WEEK 9 • **DAY 61**

Thus King Solomon **excelled** (**胜过**) all the kings of the earth in **riches** (**财宝**) and in wisdom. (ESV)

财宝	*cái bǎo*	(n) **riches**
胜过	*shèng guò*	(v) **excel**

所罗门王的**财宝**与智慧**胜过**天下的列王。

所罗门	*Suǒ luó mén*	Solomon
王	*wáng*	king
(的) **财宝**	*(de) cái bǎo*	**riches**
(与) 智慧	*(yǔ) zhì huì*	wisdom
胜过	*shèng guò*	**excel**
天 (下的)	*tiān (xià de)*	heaven
列王	*liè wáng*	kings

DAY 62 • WEEK 9 • MAR 3 — 2 KINGS 19:14 — 列王纪下 19:14

Hezekiah received the **letter** (书信) from the hand of the messengers and read it; and Hezekiah went up to the house of the LORD and **spread it** (展开) before the LORD. (ESV)

书信	shū xìn	(n) letter
展开	zhǎn kāi	(v) spread out

希西家从使者手里接过书信来，看完了，就上耶和华的殿，将书信在耶和华面前展开。

希西家	Xī xī jiā	Hezekiah
(从) 使者 [55]	(cóng) shǐ zhě	messenger
手 (里)	shǒu (lǐ)	hand
接过	jiē guò	take
书信 (来)	shū xìn (lái)	**letter**
看完 (了)	kàn wán (le)	finish reading
(就) 上	(jiù) shàng	go up
耶和华	Yē hé huá	the LORD
(的) 殿 {殿宇}	(de) diàn	temple
(将) **书信** [56]	(jiāng) shū xìn	**letter**
(在) 耶和华 (面前)	(zài) Yē hé huá (miàn qián)	the LORD
展开	zhǎn kāi	**spread out**

[55] 使者 can also mean "angel" in appropriate contexts. See for example 2 Kings 19:35.

[56] 书信 appears a second time here rather than the more literal translation "it" (它) because Chinese style prefers that pronouns refer to people. See Charles N. Li and Sandra A. Thompson, *Mandarin Chinese: A Functional Reference Grammar* (Los Angeles: University of California Press, 1981), 134.

Give thanks (称谢) to the Lord; call on his name; **proclaim** (传扬) his deeds among the peoples. (CSB)

| 称谢 | *chēng xiè* | (v) **give thanks** |
| 传扬 | *chuán yáng* | (v) **proclaim** |

你们要称谢耶和华，求告他的名，在万民中传扬他的作为。

你们	*nǐ men*	you (plural)
(要) 称谢	*(yào) chēng xiè*	**give thanks**
耶和华	*Yē hé huá*	the Lord
求告	*qiú gào*	call upon
他的	*tā de*	his
名	*míng*	name
(在) 万民 (中)	*(zài) wàn mín (zhōng)*	all peoples
传扬	*chuán yáng*	**proclaim**
他的	*tā de*	his
作为	*zuò wéi*	deed

DAY 64 · WEEK 10 · MAR 5   1 CHRONICLES 16:9   历代志上 16:9

Sing (唱诗) to him, **sing praises** (歌颂) to him; tell of all his wondrous works! (ESV)

| 唱诗 | chàng shī | (v) sing a song |
| 歌颂 | gē sòng | (v) sing praise |

要向他唱诗,歌颂,谈论他一切奇妙的作为。

(要向) 他	(yào xiàng) tā	He
唱诗	*chàng shī*	**sing a song**
歌颂	*gē sòng*	**sing praise**
谈论	*tán lùn*	tell
他	*tā*	he
一切	*yī qiè*	all
奇妙 (的)	*qí miào (de)*	wonderful
作为	*zuò wéi*	deed

Yours, O LORD, is the **greatness** (**尊大**) and the power and the glory and the **victory** (**强胜**) and the majesty. (ESV)

尊大	zūn dà	(n) **greatness**
强胜	qiáng shèng	(n) **victory**

耶和华啊，**尊大**、⁵⁷ 能力、荣耀、**强胜**、威严都是你的。

耶和华 (啊)	Yē hé huá (a)	the LORD
尊大	zūn dà	**greatness**
能力	néng lì	power
荣耀	róng yào	glory
强胜	qiáng shèng	**victory**
威严	wēi yán	majesty
(都是) 你的	(dōu shì) nǐ de	yours

---

⁵⁷ The Chinese enumeration comma 顿号 (、) separates terms in lists of more than two items. Typically, a conjunction (such as 和) appears instead of 顿号 between the final two items, although an asyndetic (no conjunctions) list like the one in 1 Chr 29:11 is also grammatically acceptable. See Yip Po-Ching and Dom Rimmington, *Chinese: A Comprehensive Grammar*, 2nd ed. (New York: Routledge, 2016), 376. Printings of the 和合本 since 1988 have generally followed the modern punctuation edition by the United Bible Societies. See the explanation of updates in *Sheng jing: Xin biao dian He he ben (Shen ban)* (in Chinese) (Hong Kong: Hong Kong Bible Society, 1988), iv–v.

DAY 66 • WEEK 10 • MAR 7   2 CHRONICLES 16:9a   历代志下 16:9a

For the **eyes** (眼目) of the Lord run to and fro throughout the **whole earth** (全地), to give strong support to those whose heart is blameless toward him. (ESV)

| 眼目 | yǎn mù | (n) eye |
| 全地 | quán dì | (n) whole earth |

耶和华的**眼目**遍察**全地**，要显大能帮助向他心存诚实的人。

耶和华 (的)	Yē hé huá (de)	the Lord
眼目	yǎn mù	**eye**
遍察	biàn chá	look everywhere
全地	quán dì	**whole earth**
(要) 显 {显明}	(yào) xiǎn	reveal
大能	dà néng	great power
帮助	bāng zhù	help
(向) 他	(xiàng) tā	he
心	xīn	heart
存	cún	keep
诚实 (的)	chéng shí (de)	honest
人	rén	person

Do not **be afraid** (恐惧) and do not be dismayed at this great horde, for the **battle** (胜败) is not yours but God's. (ESV)

| 恐惧 | *kǒng jù* | (v) **be afraid** |
| 胜败 | *shèng bài* | (n) **result of battle** |

不要因这大军**恐惧**惊惶。因为**胜败**不在乎你们，乃在乎神。

(不要因这) 大军	*(bù yào yīn zhè) dà jūn*	great army
恐惧	*kǒng jù*	**be afraid**
惊惶	*jīng huáng*	be alarmed
(因为) **胜败**	*(yīn wèi) shèng bài*	**result of battle**
(不) 在乎 [58]	*(bù) zài hu*	depend upon
你们	*nǐ men*	you (plural)
(乃) 在乎	*(nǎi) zài hu*	depend upon
神	*shén*	God

---

[58] "Depend upon" is the classic literary meaning of 在乎, as shown in O. Z. Tsang, *A Complete Chinese-English Dictionary* (Shanghai: Lin Nan, 1920), 171. In modern Chinese, "care about" is a more common meaning. See Hui Zhang and Suzhen Hao, eds., *Ying yong Ying yu zong he xun lian jiao cheng mo ni ce shi* (in Chinese) (Beijing: Tsinghua University Press, 2005), 189.

DAY 68 • WEEK 10 • MAR 9 — EZRA 7:10 — 以斯拉记 7:10

For Ezra had set his heart to **study** (**考究**) the Law of the Lord, and to do it and to **teach** (**教训**) his statutes and rules in Israel. (ESV)

| 考究 | kǎo jiū | (v) research |
| 教训 | jiào xùn | (v) teach |

以斯拉定志**考究**遵行耶和华的律法，又将律例典章**教训**以色列人。

以斯拉	Yǐ sī lā	Ezra
定志	dìng zhì	set the will
考究	**kǎo jiū**	**research**
遵行	zūn xíng	obey
耶和华	Yē hé huá	the Lord
(的) 律法	(de) lǜ fǎ	law
(又将) 律例	(yòu jiāng) lǜ lì	statute
典章	diǎn zhāng	rule
教训	**jiào xùn**	**teach**
以色列	Yǐ sè liè	Israel
人	rén	person

And they said, "Let us rise up and **build**." (建造) So they **strengthened their hands** (奋勇) for the good work. (ESV)

| 建造 | jiàn zào | (v) **build** |
| 奋勇 | fèn yǒng | (v) **summon up courage** |

他们就说:"我们起来建造吧!"于是他们奋勇做这善工。

他们	tā men	they
(就) 说	(jiù) shuō	say
我们	wǒ men	we
起来	qǐ lái	stand up
建造 (吧)[59]	jiàn zào (ba)	**build**
(于是) 他们	(yú shì) tā men	they
奋勇	**fèn yǒng**	**summon up courage**
做	zuò	do
(这) 善	(zhè) shàn	good
工	gōng	work

[59] The modal particle 吧 communicates a polite request for confirmation of a proposition, which in this verse fits nicely with the people's pledge to rise up to rebuild the wall of Jerusalem. See Jingning Xu, "Modality Interpretation for the Tone Particle '吧'," (in Chinese) *Journal of Peking University (Philosophy and Social Sciences)* 40/4 (2003): 143–148, esp. 147.

DAY 70 • WEEK 10 • MAR 11　　JOB 1:21a　　约伯记 1:21a

And he said, "**Naked** (赤身) I came from my **mother's womb** (母胎), and **naked** (赤身) shall I return. The LORD gave, and the LORD has taken away …" (ESV)

| 赤身 | *chì shēn* | (adj) **naked** |
| 母胎 | *mǔ tāi* | (n) **mother's womb** |

说："我赤身出于母胎，也必赤身归回。赏赐的是耶和华，收取的也是耶和华……"

说	*shuō*	say
我	*wǒ*	I
赤身	*chì shēn*	**naked**
出 (于)	*chū (yú)*	go out
母胎	*mǔ tāi*	**mother's womb**
(也必) **赤身**	*chì shēn*	**naked**
归回	*guī huí*	return
赏赐 (的)	*shǎng cì (de)*	bestow
(是) 耶和华	*(shì) Yē hé huá*	the LORD
收取 (的)	*shōu qǔ (de)*	receive
(也是) 耶和华	*(yě shì) Yē hé huá*	the LORD

约伯记 5:8　　JOB 5:8　　MAR 12 • WEEK 11 • **DAY 71**

As for me, I would seek God, and to God would I **commit** (**托付**) my **cause** (**事情**). (ESV)

事情	*shì qíng*	(n) **matter**
托付	*tuō fù*	(v) **entrust**

至于我，我必仰望神，把我的**事情托付**他。

(至于) 我	(*zhì yú*) *wǒ*	I
我	*wǒ*	I
(必) 仰望	(*bì*) *yǎng wàng*	look to hopefully
神	*shén*	God
(把) 我 (的)	(*bǎ*) *wǒ* (*de*)	I
事情	*shì qíng*	**matter**
托付	*tuō fù*	**entrust**
他	*tā*	he

DAY 72 · WEEK 11 · MAR 13 — JOB 19:25 — 约伯记 19:25

For I know that my **Redeemer** (**救赎主**) lives, and **at the last** (**末了**) he will stand upon the earth. (ESV)

救赎主	*jiù shú zhǔ*	(n) **Redeemer**
末了	*mò liǎo*	**in the end**

我知道我的**救赎主**活着，**末了**必站立在地上。

我	*wǒ*	I
知道	*zhī dào*	know
我的	*wǒ de*	my
救赎主	*Jiù shú zhǔ*	**Redeemer**
活 (着)	*huó (zhe)*	live
末了	*mò liǎo*	**in the end**
(必) 站立	*(bì) zhàn lì*	stand
(在) 地上	*(zài) dì shàng*	earth

约伯记 42:5　　　JOB 42:5　　　MAR 14 • WEEK 11 • **DAY 73**

I had heard of you by **the hearing of the ear** (风闻), but now my eye **sees** (看见) you. (ESV)

| 风闻 | fēng wén | (v) hear by hearsay |
| 看见 | kàn jiàn | (v) see |

我从前风闻有你，现在亲眼看见你。

我	wǒ	I
从前	cóng qián	previously
风闻	**fēng wén**	**hear by hearsay**
(有) 你	(yǒu) nǐ	you
现在	xiàn zài	now
亲眼	qīn yǎn	one's own eye
看见	**kàn jiàn**	**see**
你	nǐ	you

DAY 74 • WEEK 11 • MAR 15   PSALM 1:1   诗篇 1:1

Blessed is the man who walks not in the **counsel** (计谋) of the wicked, nor stands in the way of sinners, nor sits in the **seat** (座位) of scoffers. (ESV)

| 计谋 | *jì móu* | (n) **scheme** |
| 座位 | *zuò wèi* | (n) **seat** |

不从恶人的计谋，不站罪人的道路，不坐亵慢人的座位。

(不) 从 [60]	(*bù*) *cóng*	follow
恶人	*è rén*	evil person
(的) 计谋	(*de*) *jì móu*	**scheme**
(不) 站	(*bù*) *zhàn*	stand
罪人	*zuì rén*	sinner
(的) 道路	(*de*) *dào lù*	way
(不) 坐	(*bù*) *zuò*	sit
亵慢人	*xiè màn rén*	scoffer
(的) 座位	(*de*) *zuò wèi*	**seat**

---

[60] The prepositional use of 从, meaning "from" (as in Gen 50:25 on Day 18), is much more common in modern Chinese than the original verbal use of 从 as "follow" and is the result of a reanalysis process from verb to preposition. See John Whitman and Waltraud Paul, "Reanalysis and Conservancy of Structure in Chinese," pages 82–94 in Montse Batllori et al., eds., *Grammaticalization and Parametric Variation* (New York: Oxford University Press, 2005), esp. 89–92. Compare with the two-character specification in the 普通话本: 不听从恶人的计谋…… (entailing listening and obeying due to 听从) and the avoidance of 从 altogether in the 吕振中 translation: 不依恶人的计谋而行…….

诗篇 4:8　　PSALM 4:8　　MAR 16 • WEEK 11 • **DAY 75**

In peace (安然) I will both lie down and **sleep** (睡觉); for you alone, O LORD, make me dwell **in safety** (安然). (ESV)

| 安然 | ān rán | (adv) **free from worry** |
| 睡觉 | shuì jiào | (v) **sleep** |

我必**安然**躺下**睡觉**，因为独有你耶和华使我**安然**居住。

我	wǒ	I
(必) **安然**	(bì) ān rán	**free from worry**
躺 (下)	tǎng (xià)	lie
睡觉	shuì jiào	**sleep**
(因为) 独 (有)	(yīn wèi) dú (yǒu)	only
你	nǐ	you
耶和华	yē hé huá	the LORD
使	shǐ	cause
我	wǒ	I
安然	ān rán	**free from worry**
居住	jū zhù	dwell

DAY 76 • WEEK 11 • MAR 17 — PSALM 7:12 — 诗篇 7:12

If he does not **turn back** (回头), He will sharpen His sword; He bends His **bow** (弓) and makes it ready. (NKJV)

| 回头 | *huí tóu* | (v) **turn back** |
| 弓 | *gōng* | (n) **bow** |

若有人不回头，他的刀必磨快。弓必上弦，预备妥当了。

(若有) 人	*(ruò yǒu) rén*	person
(不) 回头	*(bù) huí tóu*	**turn back**
他的	*tā de*	his
刀	*dāo*	sword
(必) 磨快	*(bì) mó kuài*	sharpen
弓	*gōng*	**bow**
(必) 上弦	*(bì) shàng xián*	tighten string
预备	*yù bèi*	prepare
妥当 (了)[61]	*tuǒ dàng (le)*	ready

---

[61] This sentence-final 了 is not an aspect marker. Instead, it is the "change of state" 了, for the bow has become ready for use. See Richard Xiao and Tony McEnery, *Aspect in Mandarin Chinese: A Corpus-Based Study*, Studies in Language Companion Series 73 (Philadelphia: John Benjamins, 2004), 131–138.

诗篇 16:8　　PSALM 16:8　　MAR 18 • WEEK 11 • DAY 77

I have **set** (摆) the Lord always before me; because he is at my right hand, I shall not be **shaken** (摇动). (ESV)

摆	bǎi	(v) **set**
摇动	yáo dòng	(v) **shake**

我将耶和华常摆在我面前。因他在我右边，我便不至摇动。

我	wǒ	I
(将) 耶和华	(jiāng) Yē hé huá	the Lord
常	cháng	always
摆	**bǎi**	**set**
(在) 我 (面前)	(zài) wǒ (miàn qián)	I
(因) 他	(yīn) tā	he
(在) 我 (右边)	(zài) wǒ (yòu bian)	I
我	wǒ	I
便 [62]	biàn	then
(不至) 摇动	(bù zhì) yáo dòng	**shake**

---

[62] 便 in Ps 16:8 is a referential adverb equivalent to 就 that introduces a direct consequence. See Yip Po-Ching and Don Rimmington, *Chinese: An Essential Grammar*, 2nd ed. (New York: Routledge, 1997), 110–111.

DAY 78 • WEEK 12 • MAR 19   PSALM 17:8   诗篇 **17:8**

Keep me as the apple of your eye; **hide** (隐藏) me in the shadow of your **wings** (翅膀) … (ESV)

| 隐藏 | yǐn cáng | (v) hide |
| 翅膀 | chì bǎng | (n) wing |

求你保护我，如同保护眼中的瞳人。将我隐藏在你翅膀的荫下……

求	qiú	request
你	nǐ	you
保护	bǎo hù	protect
我	wǒ	I
如同	rú tóng	like
保护	bǎo hù	protect
眼中	yǎn zhōng	eye
(的) 瞳人	(de) tóng rén	pupil
(将) 我	(jiāng) wǒ	I
隐藏	yǐn cáng	**hide**
(在) 你	(zài) nǐ	you
翅膀	chì bǎng	**wing**
(的) 荫 (下)	(de) yìn (xià)	shade

诗篇 18:39 — PSALM 18:39 — MAR 20 • WEEK 12 • DAY 79

For you **girded** (束) me with strength for the battle; you made my assailants sink under me. (NRSV)

| 束 | shù | (v) **bind** |
| 腰 | yāo | (n) **waist** |

因为你曾以力量束我的腰，使我能争战。你也使那起来攻击我的，都服在我以下。

(因为) 你	(yīn wèi) nǐ	you
(曾 [63] 以) 力量	(céng yǐ) lì liàng	strength
束	**shù**	**bind**
我的	wǒ de	my
腰	**yāo**	**waist**
(使) 我	(shǐ) wǒ	I
(能) 争战	(néng) zhēng zhàn	fight
你	nǐ	you
(也使那) 起来	(yě shǐ nà) qǐ lái	stand
攻击	gōng jī	attack
我 (的)	wǒ (de)	I
(都) 服	(dōu) fú	subdue
(在) 我 (以下)	(zài) wǒ (yǐ xià)	I

---

[63] 曾 is a temporal adverb that signals past tense. See Jianming Lu and Zhen Ma, "Guan yu shi jian fu ci," (in Chinese) pages 20–46 in Zhen Ma and Jianming Lu, eds., *Xian dai Han yu xu ci san lun* (in Chinese), 3rd ed. (Beijing: Peking University Press, 2017), esp. 21.

DAY 80 • WEEK 12 • MAR 21 — PSALM 19:1 — 诗篇 19:1

The **heavens** (诸天) declare the glory of God, and the sky above proclaims his **handiwork** (手段). (ESV)

| 诸天 | zhū tiān | (n) heavens |
| 手段 | shǒu duàn | (n) handiwork |

诸天述说神的荣耀，穹苍传扬他的手段。

诸天	zhū tiān	**heavens**
述说	shù shuō	declare
神	shén	God
(的) 荣耀	(de) róng yào	glory
穹苍	qióng cāng	sky
传扬	chuán yáng	proclaim
他 [64] 的	tā de	his
手段 [65]	shǒu duàn	**handiwork**

---

[64] Contemporary Christian Chinese often uses a special third person singular pronoun 祂 to refer to God, such as in the 当代译本 rendering of Ps 19:1. There is also a special third person singular pronoun 牠 for animals, as in the 新译本 of Gen 1:22.

[65] Ps 19:1 arranges God's 荣耀 ("glory") and his 手段 in poetic parallelism. Hence it is clear, especially in Biblical Hebrew, that 手段 should have a positive connotation. However, in modern Chinese 手段 typically has a negative connotation, meaning something like "trick." See for example this dictionary entry for "Esau": 圣经人物。以撒和利百加的长子，雅各的双胞胎兄弟。以扫本来享有长子的名分和福分，却因一时的愚昧，被雅各以诡诈的手段骗走了一切，以扫后来成为以东人的始祖（创廿五 25 及下，廿七 1 及下）。"Biblical character. The oldest son of Isaac and Rebekah, and the twin brother of Jacob. Esau originally enjoyed the birthright and blessing of the oldest son, but due to his momentary foolishness, Jacob cheated him out of everything with a cunning **trick**. Esau later became the ancestor of the Edomites (Gen. 25:25ff, 27:1ff)." Longguang Lu, ed., *Biblical and Theological Dictionary of Christianity* (in Chinese) (Beijing: Religious Culture Publishing, 2007), 201.

PSALM 19:14

Let the words of my mouth and the meditation of my heart **be acceptable** (悦纳) in your sight, O LORD, my **rock** (磐石) and my redeemer. (ESV)

磐石	*pán shí*	(n) rock
悦纳	*yuè nà*	(v) find acceptable

耶和华我的磐石，我的救赎主啊，愿我口中的言语，心里的意念，在你面前蒙悦纳。

耶和华	*Yē hé huá*	the LORD
我的	*wǒ de*	my
磐石	*pán shí*	**rock**
我的	*wǒ de*	my
救赎主 (啊)	*Jiù shú zhǔ (a)*	Redeemer
(愿) 我	*(yuàn) wǒ*	I
口 (中)	*kǒu (zhōng)*	mouth
(的) 言语	*(de) yán yǔ*	word
心 (里)	*xīn (lǐ)*	heart
(的) 意念	*(de) yì niàn*	thought
(在) 你 (面前)	*(zài) nǐ (miàn qián)*	you
(蒙) 悦纳	*(méng) yuè nà*	**find acceptable**

DAY 82 • WEEK 12 • MAR 23   PSALM 23:1   诗篇 23:1

The L ORD is my **shepherd** (**牧者**); there is nothing I **lack** (**缺乏**). (HCSB)

牧者	*mù zhě*	(n) shepherd
缺乏	*quē fá*	(v) lack

耶和华是我的**牧者**。我必不至**缺乏**。

耶和华	*Yē hé huá*	the L ORD
是	*shì*	is
我的	*wǒ de*	my
牧者	*mù zhě*	**shepherd**
我	*wǒ*	I
(必不至)**缺乏**	(*bì bù zhì*) *quē fá*	**lack**

诗篇 23:4 — PSALM 23:4 — MAR 24 • WEEK 12 • DAY 83

Even though I walk through the **valley** (**幽谷**) of the shadow of death, I will fear no **evil** (**遭害**), for you are with me; your rod and your staff, they comfort me. (ESV)

| 幽谷 | yōu gǔ | (n) **valley** |
| 遭害 | zāo hài | (v) **meet with harm** |

我虽然行过死荫的**幽谷**,也不怕**遭害**。因为你与我同在。你的杖,你的竿,都安慰我。

我	wǒ	I
(虽然) 行 (过)	(suī rán) xíng (guò)	walk
死荫	sǐ yìn	shadow of death
(的) **幽谷**	(de) yōu gǔ	**valley**
(也不) 怕	(yě bù) pà	fear
遭害	zāo hài	**meet with harm**
(因为) 你	(yīn wèi) nǐ	you
(与) 我 (同在)	(yǔ) wǒ (tóng zài)	I
你的	nǐ de	your
杖	zhàng	rod
你的	nǐ de	your
竿	gān	staff
(都) 安慰	(dōu) ān wèi	comfort
我	wǒ	I

DAY 84 • WEEK 12 • MAR 25 — PSALM 24:7 — 诗篇 24:7

Lift up (抬起) your heads, O **gates** (城门)! And be lifted up, O ancient doors, that the King of glory may come in. (ESV)

城门	chéng mén	(n) city gates
抬起	tái qǐ	(v) lift up

众**城门**哪，你们要**抬起**头来。永久的门户，你们要被举起。那荣耀的王将要进来。

(众) **城门** (哪)	(zhòng) chéng mén (nǎ)	**city gates**
你们	nǐ men	you (plural)
(要) **抬起**	(yào) tái qǐ	**lift up**
头 (来)	tóu (lái)	head
永久	yǒng jiǔ	eternal
(的) 门户	(de) mén hù	door
你们	nǐ men	you (plural)
(要被) 举起	(yào bèi) jǔ qǐ	lift
(那) 荣耀	(nà) róng yào	glory
(的) 王	(de) wáng	king
(将要) 进来	(jiāng yào) jìn lái	come in

诗篇 30:5 — PSALM 30:5 — MAR 26 • WEEK 13 • DAY 85

For his anger is but for a moment, and his favor is for a lifetime. **Weeping** (哭泣) may tarry for the **night** (一宿), but joy comes with the morning. (ESV)

| 一宿 | yī xiǔ | (n) one night |
| 哭泣 | kū qì | (v) weep |

因为他的怒气不过是转眼之间。他的恩典乃是一生之久。**一宿**虽然有**哭泣**，早晨便必欢呼。

(因为) 他的	(yīn wèi) tā de	his
怒气	nù qì	anger
(不过是) 转眼 (之间)[66]	(bù guò shì) zhuǎn yǎn (zhī jiān)	in a flash
他的	tā de	his
恩典	ēn diǎn	grace
(乃是) 一生 (之久)	(nǎi shì) yī shēng (zhī jiǔ)	lifetime
一宿	yī xiǔ	**one night**
(虽然有) **哭泣**	(suī rán yǒu) kū qì	**weep**
早晨 [67]	zǎo chén	morning
(便必) 欢呼	(biàn bì) huān hū	cheering

---

[66] 之 in Ps 30:5 appears within compound locatives of position (之间) and time (之久). These kinds of compound locatives can use 以 instead of 之. See Yuehua Liu, Wenyu Pan, and Wei Gu, *Practical Grammar of Modern Chinese I: Overview and Notional Words*, trans. Huiying Yang, China Perspectives (New York: Routledge, 2021), 60, 62.

[67] In modern usage, 早晨 can specifically refer to the segment of morning from just before dawn until 8:00–9:00 A.M. The time sequence from midnight to noon is 凌晨, 早晨, 上午. See Xingjian Zhou, Huibang Yu, and Xingfa Yang, eds., *Xian dai Han yu gui fan yong fa da ci dian* (in Chinese) (Beijing: Xue Yuan Publishing, 1997), 1399. The more contemporary, general term 早上 does not appear in the 和合本.

DAY 86 • WEEK 13 • MAR 27 — PSALM 32:7 — 诗篇 32:7

You are a **hiding place** (**藏身之处**) for me; you **preserve** (**保佑**) me from trouble; you surround me with shouts of deliverance. *Selah* (ESV)

| 藏身之处 | *cáng shēn zhī chù* | (n) **hiding place** |
| 保佑 | *bǎo yòu* | (v) **bless and protect** |

你是我**藏身之处**。你必**保佑**我脱离苦难,以得救的乐歌,四面环绕我。(细拉)

你 (是)	*nǐ (shì)*	you
我	*wǒ*	I
藏身之处	*cáng shēn zhī chù*	**hiding place**
(你必) **保佑**	*(nǐ bì) bǎo yòu*	**bless and protect**
我	*wǒ*	I
脱离	*tuō lí*	break away from
苦难	*kǔ nàn*	suffering
(以) 得救 (的)	*(yǐ) dé jiù (de)*	be saved
乐歌	*lè gē*	joyful song
四面	*sì miàn*	all sides
环绕	*huán rào*	surround
我	*wǒ*	I
(细拉)[68]	*(xī lā)*	(Selah)

---

[68] The meaning of *Selah* (transliteration: 细拉) is unclear. See Peter C. Craigie, *Psalms 1–50*, WBC 19 (Waco, TX: Word Books, 1983), 76–77. The possibility that it is a musical term for a rest seems to lie behind the translations 休止 (思高) and 间奏 (新普及译本).

诗篇 33:4 — PSALM 33:4 — MAR 28 • WEEK 13 • DAY 87

For the word of the LORD is **upright** (正直), and **all** (凡) his work is done in faithfulness. (ESV)

正直	zhèng zhí	(adj) **upright**
凡	fán	(pro) **all**

因为耶和华的言语正直。凡他所作的，尽都诚实。

(因为) 耶和华	(yīn wèi) Yē hé huá	the LORD
(的) 言语	(de) yán yǔ	word
正直	zhèng zhí	**upright**
凡 [69]	fán	**all**
他	tā	he
(所) 作 (的)	(suǒ) zuò (de)	do
尽 (都)	jìn (dōu)	all
诚实	chéng shí	honest

---

[69] 凡 is one of the literary Chinese function words that appears much more often in the 和合本 than in modern Chinese translations. For example, in Ps 33:4 the 新译本 uses 一切 instead. See Liguo Cui, "On the Linguistic Style in Mandarin Chinese Union Version Bible: Comments on *Revised Chinese Union Version* (2010) as well," (in Chinese) *Sino-Christian Studies* 33 (2022): 27–52, esp. 45.

DAY 88 • WEEK 13 • MAR 29   PSALM 34:1   诗篇 34:1

I will bless the Lord at all times; his praise shall **continually** (常) be in my **mouth** (口). (ESV)

| 常 | *cháng* | (adv) **continually** |
| 口 | *kǒu* | (n) **mouth** |

我要时时称颂耶和华。赞美他的话必常在我口中。

我	*wǒ*	I
(要) 时时	*(yào) shí shí*	always
称颂	*chēng sòng*	praise
耶和华	*Yē hé huá*	the Lord
赞美	*zàn měi*	praise
他	*tā*	he
(的) 话	*(de) huà*	word
(必) 常	*(bì) cháng*	**continually**
(在) 我	*(zài) wǒ*	I
口 (中)	*kǒu (zhōng)*	**mouth**

诗篇 34:8　　PSALM 34:8

Oh, taste and see that the LORD is good! Blessed is the man who **takes refuge** (投靠) in him! (ESV)

| 滋味 | zī wèi | (n) **taste** |
| 投靠 | tóu kào | (v) **rely upon** |

你们要尝尝主恩的滋味，便知道他是美善。投靠他的人有福了。

你们	nǐ men	you (plural)
(要) 尝尝	(yào) cháng cháng	taste
主	Zhǔ	Lord
恩	ēn	favor
(的) 滋味 [70]	(de) zī wèi	**taste**
(便) 知道	(biàn) zhī dào	know
他	tā	he
(是) 美善	(shì) měi shàn	good
投靠	tóu kào	**rely upon**
他	tā	he
(的) 人	(de) rén	person
(有) 福 (了)	(yǒu) fú (le)	blessing

---

[70] The verb "taste" in the original Hebrew of Ps 34:8 has no grammatical object. Although intransitive "taste" is acceptable in English (as shown in the ESV translation above), 尝 (here reduplicated to 尝尝) in Chinese is transitive and requires a "tastable" object, or the object "taste" itself (滋味). Hence "the Lord's favor" metaphorically becomes the "taste" that Ps 34:8 exhorts the reader to experience. See Cong Meng et al., eds., *Han yu dong ci yong fa ci dian* (in Chinese) (Beijing: Commercial, 1999), 41. The 新译本 abandons the "taste" metaphor and correctly translates 耶和华 rather than 主.

Let their way be **dark** (暗) and **slippery** (滑), with the angel of the LORD pursuing them! (ESV)

暗	àn	(adj) **dark**
滑	huá	(adj) **slippery**

愿他们的道路，又**暗**又**滑**，有耶和华的使者追赶他们。

(愿) 他们的	(yuàn) tā men de	Their
道路	dào lù	way
(又) 暗	(yòu) àn	**dark**
(又) 滑	(yòu) huá	**slippery**
(有) 耶和华	(yǒu) Yē hé huá	the LORD
(的) 使者	(de) shǐ zhě	angel
追赶	zhuī gǎn	pursue
他们	tā men	they

Lord, you have seen this; do not **be silent** (闭口). Do not be far from me, Lord. (NIV)

| 啊 | *a* | vocative particle |
| 闭口 | *bì kǒu* | (v) **shut one's mouth** |

耶和华啊，你已经看见了。求你不要闭口。主啊，求你不要远离我。

耶和华 (啊)[71]	*Yē hé huá (a)*	the Lord
你	*nǐ*	you
(已经)[72] 看见 (了)	*(yǐ jīng) kàn jiàn (le)*	see
(求) 你	*(qiú) nǐ*	you
(不要) 闭口	*(bù yào) bì kǒu*	**shut one's mouth**
主 (啊)	*Zhǔ (a)*	Lord
(求) 你	*(qiú) nǐ*	you
(不要) 远离	*(bù yào) yuǎn lí*	be far from
我	*wǒ*	I

[71] When following an expression of direct address (a "vocative") in discourse between parties of unequal status (such as the psalmist speaking to the Lord), the particle 啊 reduces interpersonal distance and adds an emotional appeal. See Minfeng Wang, "The Interpersonal and Attitudinal Function of the Modal Particle *A* in the Middle of the Sentence," pages 234–247 in Minghui Dong et al., eds., *Chinese Lexical Semantics: 22nd Workshop, CLSW 2021 Nanjing, China, May 15–16, 2021, Revised Selected Papers, Part I* (Cham, Switzerland: Springer, 2022), 239–240, 245.

[72] 已经 (literally "already") is one of a handful of past tense markers. See Maofu Liu et al., "Atomic Event Semantic Roles and Chinese Instances Analysis," pages 110–121 in *Chinese Lexical Semantics: 13th Workshop, CLSW 2012 Wuhan, China, July 6–8, 2012, Revised Selected Papers* (Berlin: Springer, 2013), 115.

DAY 92 • WEEK 14 • APR 2 — PSALM 40:1 — 诗篇 40:1

I waited **patiently** (耐性) for the Lord; he inclined to me and **heard** (垂听) my cry. (ESV)

| 耐性 | nài xìng | (n) patience |
| 垂听 | chuí tīng | (v) hear |

我曾耐性等候耶和华。他垂听我的呼求。

我	wǒ	I
(曾) 耐性	(céng) nài xìng	**patience**
等候	děng hòu	wait
耶和华	Yē hé huá	the Lord
他	tā	he
垂听	chuí tīng	**hear**
我的	wǒ de	my
呼求	hū qiú	cry

诗篇 46:1 — PSALM 46:1 — APR 3 • WEEK 14 • DAY 93

God is our **refuge** (**避难所**) and strength, a helper who is **always** (**随时**) found in times of trouble. (CSB)

| 避难所 | bì nàn suǒ | (n) **refuge** |
| 随时 | suí shí | (adj) **at all times** |

神是我们的避难所，是我们的力量，是我们在患难中随时的帮助。

神	shén	God
(是) 我们 (的)	(shì) wǒ men (de)	our
避难所	**bì nàn suǒ**	**refuge**
(是) 我们 (的)	(shì) wǒ men (de)	our
力量	lì liàng	strength
(是) 我们	(shì) wǒ men	our
(在) 患难 (中)	(zài) huàn nàn (zhōng)	tribulation
随时	**suí shí**	**at all times**
(的) 帮助	(de) bāng zhù	help

DAY 94 • WEEK 14 • APR 4 — PSALM 46:10 — 诗篇 46:10

Be still (休息), and know that I am God. I will be exalted among the **nations** (外邦), I will be exalted in the earth! (ESV)

| 休息 | xiū xi | (v) rest |
| 外邦 | wài bāng | (n) Gentile |

你们要**休息**，要知道我是神。我必在**外邦**中被尊崇，在遍地上也被尊崇。

你们	nǐ men	you (plural)
(要) 休息	(yào) xiū xi	**rest**
(要) 知道	(yào) zhī dào	know
我	wǒ	I
(是) 神	(shì) shén	God
我	wǒ	I
(必在) **外邦** [73] (中)	(bì zài) wài bāng (zhōng)	**Gentile**
(被) 尊崇	(bèi) zūn chóng	honor
(在) 遍地 (上)	(zài) biàn dì (shàng)	all the earth
(也被) 尊崇	(yě bèi) zūn chóng	honor

---

[73] **外邦** refers specifically to non-Jews. Reflecting a meaning closer to English translations of "the nations," the 新译本 instead has 列国.

PSALM 47:1

Oh, **clap** (拍掌) your hands, all you peoples! Shout to God with the **voice** (声音) of triumph! (NKJV)

| 拍掌 | pāi zhǎng | (v) clap |
| 声音 | shēng yīn | (n) voice |

万民哪,你们都要拍掌。要用夸胜的声音向神呼喊。

万民 (哪)	wàn mín (na)	all peoples
你们 (都)	nǐ men (dōu)	you (plural)
(要) 拍掌	(yào) pāi zhǎng	**clap**
(要) 用	(yào) yòng	use
夸胜	kuā shèng	victory
(的) 声音	(de) shēng yīn	**voice**
(向) 神	(xiàng) shén	God
呼喊	hū hǎn	shout

Beautiful in elevation, the **joy** (喜悦) of the whole earth, Is Mount Zion in the far north, the city of the great **King** (君王). (LSB)

| 君王 | jūn wáng | (n) **king** |
| 喜悦 | xǐ yuè | (n) **joy** |

锡安山，大**君王**的城，在北面居高华美，为全地所**喜悦**。

锡安山	Xī ān shān	Mount Zion
大	dà	great
君王	**jūn wáng**	**king**
(的) 城	(de) chéng	city
在北面	(zài) běi miàn	north
居	jū	reside
高	gāo	high
华	huá	magnificent
美	měi	beautiful
(为) 全地	(wèi) quán dì	whole earth
(所) **喜悦**	(suǒ) xǐ yuè	**joy**

诗篇 55:22　　PSALM 55:22　　APR 7 • WEEK 14 • DAY 97

Cast (卸) your burden on the LORD, and he will **sustain** (抚养) you; he will never permit the righteous to be moved. (ESV)

卸	xiè	(v) **unload**
抚养	fǔ yǎng	(v) **support**

你要把你的重担卸给耶和华，他必抚养你，他永不叫义人动摇。

你	nǐ	you
(要把) 你的	(yào bǎ) nǐ de	your
重担	zhòng dàn	heavy burden
卸给	xiè gěi	**unload**
耶和华	Yē hé huá	the LORD
他	tā	he
(必) **抚养**	(bì) fǔ yǎng	**support**
你	nǐ	you
他	tā	he
永不	yǒng bù	never
叫	jiào	call
义人	yì rén	righteous person
动摇	dòng yáo	waver

DAY 98 • WEEK 14 • APR 8 — PSALM 56:13 — 诗篇 56:13

For You have delivered my soul from **death** (死亡). Have You not kept my feet from **falling** (跌倒) … (NKJV)

| 死亡 | sǐ wáng | (n) death |
| 跌倒 | diē dǎo | (v) fall |

因为你救我的命脱离死亡。你岂不是救护我的脚不跌倒……

(因为) 你	(yīn wèi) nǐ	you
救	jiù	save
我的	wǒ de	my
命	mìng	life
脱离	tuō lí	break away from
死亡	sǐ wáng	**death**
你	nǐ	you
岂 (不是)	qǐ (bù shì)	how
救护	jiù hù	rescue
我的	wǒ de	my
脚	jiǎo	foot
(不) **跌倒**	(bù) diē dǎo	**fall**

诗篇 57:4a   PSALM 57:4a   APR 9 • WEEK 15 • DAY 99

My soul is in the midst of **lions** (狮子); I **lie down** (躺卧) amid fiery beasts—the children of man ... (ESV)

| 狮子 | *shī zi* | (n) lion |
| 躺卧 | *tǎng wò* | (v) lie down |

我的性命在狮子中间。我躺卧在性如烈火的世人当中。

我的	*wǒ de*	my
性命	*xìng mìng*	life
(在) 狮子 (中间)	*(zài) shī zi (zhōng jiān)*	**lion**
我	*wǒ*	I
躺卧	*tǎng wò*	**lie down**
(在) 性	*(zài) xìng*	nature
(如) 烈火 (的)	*(rú) liè huǒ (de)*	raging inferno
世人 (当中)	*shì rén (dāng zhōng)*	people

DAY 100 • WEEK 15 • APR 10   PSALM 73:26   诗篇 73:26

My **flesh** (肉体) and my heart may fail, but God is the strength of my heart and my **portion** (福分) forever. (ESV)

| 肉体 | ròu tǐ | (n) flesh |
| 福分 | fú fēn | (n) blessed portion |

我的**肉体**，和我的心肠衰残。但神是我心里的力量，又是我的**福分**，直到永远。

我的	wǒ de	my
肉体	**ròu tǐ**	**flesh**
(和) 我的	(hé) wǒ de	my
心肠	xīn cháng	heart
衰残	shuāi cán	waste away
(但) 神	(dàn) shén	God
(是) 我	(shì) wǒ	I
心 (里)	xīn (lǐ)	heart
(的) 力量	(de) lì liàng	strength
(又是) 我的	(yòu shì) wǒ de	my
福分	**fú fēn**	**blessed portion**
直到	zhí dào	until
永远	yǒng yuǎn	eternity

PSALM 82:1

God takes His stand in the **congregation** (会) of God; He judges in the midst of gods. (LSB)

权力	quán lì	(n) **power**
会	huì	(n) **gathering**

神站在有**权力**者的**会**中。在诸神中行审判。

神	shén	God
站	zhàn	stand
(在有) 权力 (者)	(zài yǒu) quán lì (zhě)	**power**
(的) 会 (中)	(de) huì (zhōng)	**gathering**
(在) 诸神 (中)	(zài) zhū shén (zhōng)	gods
行	xíng	do
审判	shěn pàn	judgment

DAY 102 • WEEK 15 • APR 12 — PSALM 90:2 — 诗篇 90:2

Before the mountains were brought forth, or ever you had formed the earth and the **world** (世界), from **everlasting** (亘古) to everlasting you are God. (ESV)

| 世界 | *shì jiè* | (n) **world** |
| 亘古 | *gèn gǔ* | **since ancient times** |

诸山未曾生出，地与**世界**你未曾造成，从**亘古**到永远，你是神。

诸山	*zhū shān*	mountains
未曾	*wèi céng*	not yet
生出	*shēng chū*	give birth
地	*dì*	earth
(与) 世界 [74]	(*yǔ*) *shì jiè*	**world**
你	*nǐ*	you
未曾	*wèi céng*	not yet
造成	*zào chéng*	bring about
(从) 亘古	(*cóng*) *gèn gǔ*	**since ancient times**
(到) 永远	(*dào*) *yǒng yuǎn*	forever
你	*nǐ*	you
(是) 神	(*shì*) *shén*	God

---

[74] 世界 is a word that entered China with Buddhism, although the Chinese language already possessed the expression 天下 for "world." Both terms appear in the 和合本. See Guang Xing, "Buddhist Impact on Chinese Language," *Journal of the Centre for Buddhist Studies, Sri Lanka* 10 (2013): 155–176, esp. 156.

诗篇 91:1　　PSALM 91:1　　APR 13 • WEEK 15 • **DAY 103**

He who dwells in the **secret** (**隐密**) place of the Most High shall abide under the **shadow** (**荫**) of the Almighty. (NKJV)

| 隐密 | yǐn mì | (adj) **secret** |
| 荫 | yìn | (n) **shadow** |

住在至高者**隐密**处的，必住在全能者的**荫**下。

住	zhù	dwell
(在) 至高者	(zài) Zhì gāo zhě	Most High
隐密	yǐn mì	**secret**
处 (的)	chù (de)	place
(必) 住	(bì) zhù	dwell
(在) 全能者	(zài) Quán néng zhě	Almighty
(的) **荫** (下)	(de) yìn (xià)	**shadow**

DAY 104 • WEEK 15 • APR 14   PSALM 92:10   诗篇 92:10

But you have exalted my **horn** (角) like that of the wild ox; you have poured over me fresh **oil** (油). (ESV)

| 角 | jiǎo | (n) **horn** |
| 油 | yóu | (n) **oil** |

你却高举了我的角，如野牛的角。我是被新油膏了的。

你	nǐ	you
(却) 高举 (了)	(què) gāo jǔ (le)	raise
我的	wǒ de	my
角	jiǎo	**horn**
(如) 野牛	(rú) yě niú	wild ox
的角	(de) jiǎo	**horn**
我	wǒ	I
(是被) 新油	(shì bèi) xīn yóu	new **oil**
膏 (了的)	gāo (le de)	anoint

诗篇 97:10　　PSALM 97:10　　APR 15 • WEEK 15 • DAY 105

O you who love the Lord, **hate (恨恶)** evil **(罪恶)**! He preserves the lives of his saints; he delivers them from the hand of the wicked. (ESV)

| 恨恶 | hèn wù | (v) **hate** |
| 罪恶 | zuì è | (n) **evil** |

你们爱耶和华的，都当**恨恶罪恶**。他保护圣民的性命，搭救他们脱离恶人的手。

你们	nǐ men	you (plural)
爱	ài	love
耶和华 (的)	Yē hé huá (de)	the Lord
(都当) 恨恶 [75]	(dōu dāng) hèn wù	**hate**
罪恶	zuì è	**evil**
他	tā	he
保护	bǎo hù	preserve
圣民	shèng mín	saint
(的) 性命	(de) xìng mìng	life
搭救	dā jiù	deliver
他们	tā men	they
脱离	tuō lí	break away from
恶人	è rén	evil person
(的) 手	(de) shǒu	hand

[75] The 恶 character has differing sounds in 恨恶 (wù) and 罪恶 (è). See Huacan Li, ed., *Duo yin ci bian xi* (in Chinese) (Jinan: Shandong Education Press, 1982), 106–107.

DAY 106 • WEEK 16 • APR 16   PSALM 100:1   诗篇 100:1

Make a joyful noise (欢呼) to the LORD, **all the earth** (普天下)! (ESV)

| 普天下 | pǔ tiān xià | (n) all the earth |
| 欢呼 | huān hū | (v) cheer |

普天下当向耶和华欢呼。

普天下	pǔ tiān xià	all the earth
(当向) 耶和华	(dāng xiàng) Yē hé huá	the LORD
欢呼	huān hū	cheer

诗篇 102:2a   PSALM 102:2a   APR 17 • WEEK 16 • **DAY 107**

Do not **hide** your **face** (**掩面**) from me in the day of my distress! **Incline your ear** (**侧耳**) to me … (ESV)

| 侧耳 | cè ěr | (v) incline the ear |
| 掩面 | yǎn miàn | (v) hide the face |

我在急难的日子，求你向我**侧耳**，不要向我**掩面**。

我	wǒ	I
(在) 急难	(zài) jí nàn	emergency
(的) 日子	(de) rì zi	day
(求) 你	(qiú) nǐ	you
(向) 我	(xiàng) wǒ	I
侧耳	cè ěr	**incline the ear**
(不要向) 我	(bù yào xiàng) wǒ	I
掩面	yǎn miàn	**hide the face**

DAY 108 • WEEK 16 • APR 18 — PSALM 102:20 — 诗篇 102:20

To hear the groaning of the **prisoner** (**囚**), To **set free** (**释放**) those who were doomed to death … (LSB)

囚	*qiú*	(n) **prisoner**
释放	*shì fàng*	(v) **set free**

要垂听被囚之人的叹息。要释放将要死的人。

(要) 垂听	(*yào*) *chuí tīng*	hear
(被) 囚 [76]	(*bèi*) *qiú*	**prisoner**
(之) 人	(*zhī*) *rén*	person
(的) 叹息	(*de*) *tàn xī*	lament
(要) **释放**	(*yào*) *shì fàng*	**set free**
(将要) 死	(*jiāng yào*) *sǐ*	death
(的) 人	(*de*) *rén*	person

---

[76] 囚 is a 会意字 (compound ideograph): a 人 "person" within a 囗 "enclosure" (not the smaller character 口 "mouth"). See L. Wieger, *Chinese Characters: Their Origin, Etymology, History, Classification and Signification*, 2nd ed., trans. L. Davrout (New York: Dover, 1965), 73. Dong specifies that the 囚 enclosure is the "small" (and thus confining) 囗, as opposed to the "large" 囗 of characters such as 国 "country". See Yinbin Dong, *Physiognomy of Chinese Characters* (in Chinese) (Singapore: Inno Science Publishing, 2021), 94.

诗篇 104:12　　PSALM 104:12　　APR 19 • WEEK 16 • DAY 109

The **birds** (飞鸟) of the sky nest by the waters; they sing among the **branches** (树枝). (NIV)

| 飞鸟 | fēi niǎo | (n) bird |
| 树枝 | shù zhī | (n) branch |

天上的飞鸟在水旁住宿，在树枝上啼叫。

天 (上)	tiān (shàng)	heaven
(的) 飞鸟	(de) fēi niǎo	**bird**
(在) 水 (旁)	(zài) shuǐ (páng)	water
住宿	zhù sù	dwell
(在) 树枝 (上)	(zài) shù zhī (shàng)	**branch**
啼叫	tí jiào	sing (as a bird)

They **wandered** (漂流) in the wilderness in a desert region; They did not find a way to an inhabited **city** (城邑). (NASB 1995)

| 漂流 | *piāo liú* | (v) wander |
| 城邑 | *chéng yì* | (n) city |

他们在旷野荒地**漂流**，寻不见可住的**城邑**。

他们	*tā men*	they
(在) 旷野	*(zài) kuàng yě*	wilderness
荒地	*huāng dì*	wasteland
漂流	*piāo liú*	**wander**
寻 (不见)	*xún (bù jiàn)*	search for
可住	*kě zhù*	inhabited
(的) **城邑** [77]	*(de) chéng yì*	**city**

---

[77] The modern Chinese terms for "city" are 城 (seen elsewhere in the 和合本) and 城市 (as in the 新译本).

诗篇 109:2 — PSALM 109:2 — APR 21 • WEEK 16 • DAY 111

For wicked and deceitful mouths are opened against me, speaking against me with **lying** (撒谎) **tongues** (舌头). (ESV)

| 撒谎 | sā huǎng | (v) **lie** |
| 舌头 | shé tou | (n) **tongue** |

因为恶人的嘴，和诡诈人的口，已经张开攻击我。他们用**撒谎**的**舌头**对我说话。

(因为) 恶人	(yīn wèi) è rén	wicked person
(的) 嘴	(de) zuǐ	mouth
(和) 诡诈人	(hé) guǐ zhà rén	treacherous person
(的) 口	(de) kǒu	mouth
(已经) 张开	(yǐ jīng) zhāng kāi	open
攻击	gōng jī	attack
我	wǒ	I
他们	tā men	they
用	yòng	use
撒谎	sā huǎng	**lie**
(的) **舌头**	(de) shé tou	**tongue**
(对) 我	(duì) wǒ	I
说话	shuō huà	speak

DAY 112 • WEEK 16 • APR 22 — PSALM 119:11 — 诗篇 119:11

I have **stored up** (藏) your word in my heart, that I might not **sin against** (得罪) you. (ESV)

藏	*cáng*	(v) **store**
得罪	*dé zuì*	(v) **commit an offense against**

我将你的话藏在心里，免得我得罪你。

我	*wǒ*	I
(将) 你的	*(jiāng) nǐ de*	your
话	*huà*	word
藏	*cáng*	**store**
(在) 心 (里)	*(zài) xīn (lǐ)*	heart
免得	*miǎn de*	so as not to
我	*wǒ*	I
得罪	*dé zuì*	**commit an offense against**
你	*nǐ*	you

Open (开) my eyes, that I may behold wondrous things out of your **law** (律法). (ESV)

开	*kāi*	(v) **open**
律法	*lǜ fǎ*	(n) **law**

求你**开**我的眼睛，使我看出你**律法**中的奇妙。

(求) 你	(*qiú*) *nǐ*	you
开	*kāi*	**open**
我的	*wǒ de*	my
眼睛	*yǎn jīng*	eye
使 (我)	*shǐ* (*wǒ*)	I
看 (出)	*kàn* (*chū*)	see
你	*nǐ*	you
律法 (中)	*lǜ fǎ* (*zhōng*)	**law**
(的) 奇妙	(*de*) *qí miào*	wonderful

DAY 114 • WEEK 17 • APR 24   PSALM 119:105   诗篇 119:105

Your word is a lamp to my **feet** (**脚**) and a **light** (**灯**) to my path. (ESV)

脚	jiǎo	(n) **foot**
灯	dēng	(n) **lamp**

你的话是我**脚**前的**灯**，是我路上的光。

你的	nǐ de	your
话	huà	word
(是) 我	(shì) wǒ	I
脚 (前)	jiǎo (qián)	**foot**
(的) **灯**	(de) dēng	**lamp**
(是) 我	(shì) wǒ	I
路 (上)	lù (shàng)	road
(的) 光	(de) guāng	light

PSALM 121:1

I **lift up my eyes** (举目) to the hills. From **where** (何) does my help come? (ESV)

| 举目 | jǔ mù | (v) **raise one's eyes** |
| 何 | hé | (pro) **what/where/how/why** |

我要向山**举目**。我的帮助从**何**而来?

我	wǒ	I
(要向) 山	(yào xiàng) shān	mountain
举目	**jǔ mù**	**raise one's eyes**
我 (的)	wǒ (de)	I
帮助	bāng zhù	help
(从) **何** [78]	(cóng) hé	**what/where/how/why**
(而) 来	(ér) lái	come

---

[78] 何 is a "general interrogative pronoun for things (as opposed to persons)" in literary Chinese. See Paul W. Kroll, *A Student's Dictionary of Classical and Medieval Chinese*, Handbook of Oriental Studies 30 (Boston: Brill, 2015), 155.

DAY 116 • WEEK 17 • APR 26 — PSALM 122:6 — 诗篇 122:6

Pray for the peace of Jerusalem: "May they **prosper** (兴旺) who love you." (NRSV)

必然	*bì rán*	(adv) **certainly**
兴旺	*xīng wàng*	(v) **prosper**

你们要为耶路撒冷求平安。耶路撒冷啊，爱你的人**必然兴旺**。

你们	*nǐ men*	you (plural)
(要为) 耶路撒冷	*(yào wèi) yē lù sā lěng*	Jerusalem
求	*qiú*	request
平安	*píng ān*	peace
耶路撒冷 (啊)	*yē lù sā lěng (a)*	Jerusalem
爱	*ài*	love
你	*nǐ*	you
(的) 人	*(de) rén*	person
必然	*bì rán*	**certainly**
兴旺	*xīng wàng*	**prosper**

诗篇 127:1a   PSALM 127:1a   APR 27 • WEEK 17 • **DAY 117**

Unless the Lord builds the **house** (房屋), those who build it **labor** (劳力) in vain. (ESV)

| 房屋 | fáng wū | (n) house |
| 劳力 | láo lì | (n) labor |

若不是耶和华建造**房屋**，建造的人就枉然**劳力**。

(若不是) 耶和华	(ruò bù shì) Yē hé huá	the Lord
建造	jiàn zào	build
房屋	*fáng wū*	**house**
建造	jiàn zào	build
(的) 人	(de) rén	person
(就) 枉然	(jiù) wǎng rán	in vain
劳力	*láo lì*	**labor**

... your children will be like olive shoots **around** (围绕) your **table** (桌子). (ESV)

| 围绕 | wéi rào | (v) **revolve around** |
| 桌子 | zhuō zi | (n) **table** |

你儿女围绕你的桌子，好像橄榄栽子。

你	nǐ	you
儿女	ér nǚ	children
围绕	wéi rào	**revolve around**
你的	nǐ de	your
桌子	zhuō zi	**table**
好像	hǎo xiàng	like
橄榄	gǎn lǎn	olive
栽子	zāi zi	seedling

诗篇 139:23　　PSALM 139:23　　APR 29 • WEEK 17 • **DAY 119**

Search (**鉴察**) me, O God, and know my **heart** (**心思**)! Try me and know my thoughts! (ESV)

| 鉴察 | *jiàn chá* | (v) examine |
| 心思 | *xīn sī* | (n) thoughts |

神啊，求你**鉴察**我，知道我的**心思**，试炼我，知道我的意念。

神 (啊)	*shén (a)*	God
(求) 你	*qiú (nǐ)*	you
鉴察	*jiàn chá*	**examine**
我	*wǒ*	I
知道	*zhī dào*	know
我的	*wǒ de*	my
心思	*xīn sī*	**thoughts**
试炼	*shì liàn*	refine with fire
我	*wǒ*	I
知道	*zhī dào*	know
我的	*wǒ de*	my
意念	*yì niàn*	thought

DAY 120 • WEEK 18 • APR 30 — PSALM 142:1 — 诗篇 142:1

With my voice I **cry out** (哀告) to the LORD; with my voice I **plead** (恳求) for mercy to the LORD. (ESV)

| 哀告 | āi gào | (v) supplicate |
| 恳求 | kěn qiú | (v) entreat |

我发声哀告耶和华，发声恳求耶和华。

我	wǒ	I
发声	fā shēng	give voice
哀告	āi gào	**supplicate**
耶和华	Yē hé huá	the LORD
发声	fā shēng	give voice
恳求	kěn qiú	**entreat**
耶和华	Yē hé huá	the LORD

PSALMS 145:3

Great **is** (本为) the LORD and much acclaimed; His greatness cannot be **fathomed** (测度). (NJPS)

| 本为 | běn wéi | (copula) **by nature is** |
| 测度 | cè duó | (v) **measure** |

耶和华**本为**大，该受大赞美。其大无法**测度**。

耶和华	Yē hé huá	the LORD
本为	**běn wéi**	**by nature is**
大	dà	great
(该) 受	(gāi) shòu	receive
大	dà	great
赞美	zàn měi	praise
其 [79]	qí	his
大	dà	great
无法	wú fǎ	unable to
测度 [80]	**cè duó**	**measure**

---

[79] 其 is a "peripheral" third person pronoun in formal Chinese that is mostly anaphoric (referring to an entity already mentioned). Here 其 refers to the LORD. See Dingxu Shi, "Nouns and Nominal Phrases," pages 199–255 in Chu-Ren Huang and Dingxu Shi, eds., *A Reference Grammar of Chinese* (Cambridge: Cambridge University Press, 2016), esp. 230.

[80] Although the expression 无法测度 frequently receives the pronunciation *wú fǎ cè dù*, the verbal use of 度 for "measure" requires that it take the *duó* sound. See Huacan Li, ed., *Duo yin ci bian xi* (in Chinese) (Jinan: Shandong Education Press, 1982), 154–155.

DAY 122 • WEEK 18 • MAY 2 PSALM 147:3 诗篇 147:3

He heals the **brokenhearted** (伤心) and **binds up** (裹) their wounds. (ESV)

| 伤心 | shāng xīn | (v) be brokenhearted |
| 裹 | guǒ | (v) bind up |

他医好伤心的人，裹好他们的伤处。

他	tā	he
医 (好)[81]	yī (hǎo)	heal
伤心	**shāng xīn**	**be brokenhearted**
(的) 人	(de) rén	person
裹 (好)	**guǒ (hǎo)**	**bind up**
他们的	tā men de	their
伤处	shāng chù	wound

---

[81] Twice in Ps 147:3, the resultative complement 好 signals completion of the preceding verb in a satisfactory manner. See Hung-nin Samuel Cheung, Sze-yun Liu and Li-lin Shih, *A Practical Chinese Grammar* (Hong Kong: The Chinese University Press, 1994), esp. 356–357.

The fear of the LORD is the **beginning** (开端) of knowledge; **fools** (愚妄) despise wisdom and instruction. (ESV)

开端	*kāi duān*	(n) **beginning**
愚妄	*yú wàng*	(adj) **foolish**

敬畏耶和华是知识的开端。愚妄人藐视智慧和训诲。

敬畏	*jìng wèi*	revere
耶和华	*Yē hé huá*	the LORD
(是) 知识	(*shì*) *zhī shi*	knowledge
(的) 开端	(*de*) *kāi duān*	**beginning**
愚妄	*yú wàng*	**foolish**
人	*rén*	person
藐视	*miǎo shì*	despise
智慧	*zhì huì*	wisdom
(和) 训诲	(*hé*) *xùn huì*	instruction

DAY 124 • WEEK 18 • MAY 4   PROVERBS 3:3   箴言 3:3

Let not steadfast love and faithfulness forsake you; **bind** (系) them around your neck; **write** (刻) them on the tablet of your heart. (ESV)

| 系 | xì | (v) **bind** |
| 刻 | kè | (v) **engrave** |

不可使慈爱、诚实离开你，要系在你颈项上，刻在你心版上。

(不可使) 慈爱	(bù kě shǐ) cí ài	love
诚实	chéng shí	faithfulness
离开	lí kāi	leave
你	nǐ	you
(要) 系 [82]	(yào) xì	**bind**
(在) 你	(zài) nǐ	you
颈项 (上)	jǐng xiàng (shàng)	neck
刻	kè	**engrave**
(在) 你	(zài) nǐ	you
心版 (上)	xīn bǎn (shàng)	tablet of the heart

---

[82] 系 has two pronunciations that can both communicate the idea of "tying together." 系 *jì* is for tying together small physical items, while 系 *xì* is for tying together large items or abstractions such as "love" and "faithfulness" in Prov 3:3. See Huacan Li, ed., *Duo yin ci bian xi* (in Chinese) (Jinan: Shandong Education Press, 1982), 154–155.

箴言 3:5

Trust (仰赖) in the Lord with all your heart; don't rely on your own **intelligence** (聪明). (CEB)

仰赖	*yǎng lài*	(v) **rely on**
聪明	*cōng ming*	(n) **intelligence**

你要专心**仰赖**耶和华，不可倚靠自己的**聪明**……

你	*nǐ*	you
(要) 专心	*(yào) zhuān xīn*	concentrate attention
仰赖	*yǎng lài*	**rely on**
耶和华	*Yē hé huá*	the Lord
(不可) 倚靠	*(bù kě) yǐ kào*	rely on
自己 (的)	*zì jǐ (de)*	one's own
聪明	*cōng ming*	**intelligence**

DAY 126 • WEEK 18 • MAY 6 — PROVERBS 3:6 — 箴言 3:6

... **think about** (认定) Him in all your ways, and He will **guide** (指引) you on the right paths. (HCSB)

| 认定 | rèn dìng | (v) **set one's mind on** |
| 指引 | zhǐ yǐn | (v) **guide** |

在你一切所行的事上都要认定他，他必指引你的路。

(在) 你	(zài) nǐ	you
一切	yī qiè	all
(所) 行 (的)	(suǒ) xíng (de)	do
事 (上)	shì (shàng)	thing
(都要) 认定	(dōu yào) rèn dìng	**set one's mind on**
他	tā	he
他	tā	he
(必) 指引	(bì) zhǐ yǐn	**guide**
你的	nǐ de	your
路 {道路}	lù	way

Keep your heart with all diligence, For out of it **spring** (**发出**) the **issues** (**果效**) of life. (NKJV)

果效	guǒ xiào	(n) outcome
发出	fā chū	(v) go forth

你要保守你心，胜过保守一切，因为一生的**果效**是由心**发出**。

你	nǐ	you
(要) 保守	(yào) bǎo shǒu	preserve
你	nǐ	you
心	xīn	heart
胜过	shèng guò	surpass
保守	bǎo shǒu	preserve
一切	yī qiè	all
(因为) 一生	(yīn wèi) yī shēng	life
(的) **果效**	(de) guǒ xiào	**outcome**
(是由 [83]) 心	(shì yóu) xīn	heart
发出	fā chū	**go forth**

---

[83] 由 is a coverb (both a verb and a preposition) from Classical Chinese that indicates "the starting point of an action." See Sue-mei Wu, "The Coverbs in Classical Chinese" (Ph.D. diss., Ohio State University), 138–140.

DAY 128 • WEEK 19 • MAY 8   PROVERBS 15:1   箴言 15:1

A gentle answer **turns away** (消退) wrath, But a harsh word **stirs up** (触动) anger. (LSB)

消退	*xiāo tuì*	(v) **vanish gradually**
触动	*chù dòng*	(v) **stir up**

回答柔和，使怒消退；言语暴戾，触动怒气。

回答	*huí dá*	answer
柔和	*róu hé*	gentle
(使) 怒 {怒气}	*(shǐ) nù*	anger
消退	*xiāo tuì*	**vanish gradually**
言语	*yán yǔ*	word
暴戾	*bào lì*	ruthless
触动	*chù dòng*	**stir up**
怒气	*nù qì*	anger

Commit (交托) your work to the LORD, and your **plans** (谋) will be established. (ESV)

| 交托 | *jiāo tuō* | (v) **commit** |
| 谋 | *móu* | (v) **plan** |

你所做的，要**交托**耶和华，你所**谋**的，就必成立。

你	*nǐ*	you
(所) 做 (的)	*(suǒ) zuò (de)*	do
(要) **交托**	*(yào) jiāo tuō*	**commit**
耶和华	*Yē hé huá*	the LORD
你	*nǐ*	you
(所) **谋** (的)	*(suǒ) móu (de)*	**plan**
(就必) 成立	*(jiù bì) chéng lì*	establish

DAY 130 • WEEK 19 • MAY 10   PROVERBS 17:17   箴言 17:17

A **friend** (朋友) loves at all times, and a brother is born for **adversity** (患难). (ESV)

| 朋友 | *péng yǒu* | (n) **friend** |
| 患难 | *huàn nàn* | (n) **tribulation** |

朋友乃时常亲爱，弟兄为患难而生。

朋友	*péng yǒu*	**friend**
(乃) 时常	(*nǎi*) *shí cháng*	always
亲爱	*qīn ài*	dearly love
弟兄	*dì xiong*	brother
(为) **患难**	(*wèi*) *huàn nàn*	**tribulation**
(而) 生 {出生}	(*ér*) *shēng*	be born

The name of the LORD is a strong **tower** (台); the righteous man runs into it and is **safe** (安稳). (ESV)

台	*tái*	(n) **platform**
安稳	*ān wěn*	(adj) **safe**

耶和华的名是坚固台,义人奔入,便得安稳。

耶和华	*Yē hé huá*	the LORD
(的) 名	*(de) míng*	name
(是) 坚固	*(shì) jiān gù*	firm
台	*tái*	**platform**
义人	*yì rén*	righteous person
奔	*bēn*	run
入	*rù*	enter
便	*biàn*	then
得	*dé*	get
安稳	*ān wěn*	**safe**

Train up (教养) a child in the way he should go; even when he is old he will not **depart** (偏离) from it. (ESV)

教养	jiào yǎng	(v) educate
偏离	piān lí	(v) deviate

教养孩童，使他走当行的道，就是到老他也不**偏离**。

教养	jiào yǎng	**educate**
孩童	hái tóng	child
(使) 他	(shǐ) tā	he
走	zǒu	go
(当) 行	(dāng) xíng	go
(的) 道 [84]	(de) dào	way
(就是到) 老	(jiù shì dào) lǎo	old
他	tā	he
(也不) 偏离	(yě bù) piān lí	**deviate**

---

[84] See Day 218.

箴言 31:10 — PROVERBS 31:10 — MAY 13 • WEEK 19 • DAY 133

A **competent** (才德) wife, how does one find her? Her value is far above **pearls** (珍珠). (CEB)

| 才德 | *cái dé* | (n) **talent and virtue** |
| 珍珠 | *zhēn zhū* | (n) **pearl** |

才德的妇人谁能得着呢？她的价值远胜过**珍珠**。

才德	*cái dé*	**talent and virtue**
(的) 妇人	*(de) fù rén*	married woman
谁	*shéi*	who
(能) 得 (着 [85] 呢 [86])	*(néng) dé (zháo ne)*	get
她的	*tā de*	her
价值	*jià zhí*	value
远	*yuǎn*	far
胜过	*shèng guò*	surpass
珍珠	*zhēn zhū*	**pearl**

---

[85] The 着 in 得着 is a resultative verb complement (*zháo*) and not the durative aspect marker (*zhe*). For the resultative verb complement 着 see Sandra A. Thompson, "Resultative Verb Compounds in Mandarin Chinese: A Case for Lexical Rules," *Language* 49 (1973): 361–379, esp. 376. For the durative aspect marker 着 see Charles N. Li and Sandra A. Thompson, *Mandarin Chinese: A Functional Reference Grammar* (Los Angeles: University of California Press, 1981), 217–226.

[86] 呢 is a sentence-final particle for questions other than the yes-no questions that 吗 marks. The rhetorical question in Prov 31:10 is a *wh*-question (asking "what," "who," "where," "when," "why," "which," or "how") in form. See Candace Chi-Hang Cheung, "Chinese: Parts of Speech," pages 242–294 in Chan Shi-wai, James Minett, and Florence Li Wing Yee, eds., *The Routledge Encyclopedia of the Chinese Language* (New York: Routledge, 2016), 283–284.

DAY 134 • WEEK 20 • MAY 14   ECCLESIASTES 1:14   传道书 1:14

I have seen everything that is done under the sun, and behold, all is **vanity** (虚空) and a **striving** (捕) after wind. (ESV)

| 虚空 | *xū kōng* | (n) **void** |
| 捕 | *bǔ* | (v) **catch** |

我见日光之下所做的一切事,都是虚空,都是捕风。

我	*wǒ*	I
见	*jiàn*	see
日光 (之下)	*rì guāng (zhī xià)*	sunlight
(所) 做 (的)	*(suǒ) zuò (de)*	do
一切	*yī qiè*	all
事 {事情}	*shì*	thing
(都是) 虚空	*(dōu shì) xū kōng*	**void**
(都是) 捕	*(dōu shì) bǔ*	**catch**
风	*fēng*	wind

传道书 3:1　　ECCLESIASTES 3:1　　MAY 15 • WEEK 20 • **DAY 135**

For everything there is a **season** (定期), and a **time** (定时) for every matter under heaven. (ESV)

定期	dìng qī	(n) **set period**
定时	dìng shí	(n) **set time**

凡事都有**定期**，天下万务都有**定时**。

凡事	*fán shì*	all things
(都) 有	*(dōu) yǒu*	have
定期	*dìng qī*	**set period**
天下	*tiān xià*	under heaven
万	*wàn*	large number (literally: 10,000)
务	*wù*	affair
(都) 有	*(dōu) yǒu*	have
定时	*dìng shí*	**set time**

DAY 136 • WEEK 20 • MAY 16   ECCLESIASTES 12:1a   传道书 **12:1a**

Remember (纪念) also your Creator in the days of your youth, before the evil days come. (ESV)

| 趁 | *chèn* | (conj) **while** |
| 纪念 | *jì niàn* | (v) **remember** |

你趁着年幼、衰败的日子尚未来到……当纪念造你的主。

你	*nǐ*	you
趁 [87] (着)	*chèn (zhe)*	**while**
年幼	*nián yòu*	time of youth
衰败	*shuāi bài*	decline
(的) 日子	*(de) rì zi*	day
尚未	*shàng wèi*	not yet
来 (到)	*lái (dào)*	come
当	*dāng*	should
纪念	*jì niàn*	**remember**
造	*zào*	create
你	*nǐ*	you
(的) 主	*(de) Zhǔ*	Lord

---

[87] The coverb 趁 (literally "taking an opportunity" to do something) can mean "while" in the sense of "during the most opportune moment." See Yip Po-Ching and Dom Rimmington, *Chinese: A Comprehensive Grammar*, 2nd ed. (New York: Routledge, 2016), 191–192.

雅歌 8:6a　SONG OF SONGS 8:6a　MAY 17 • WEEK 20 • **DAY 137**

Set me as a **seal** (印记) upon your heart, as a seal upon your arm, for love is **strong** (坚强) as death. (ESV)

| 印记 | yìn jì | (n) seal |
| 坚强 | jiān qiáng | (adj) strong |

求你将我放在你心上如印记，带在你臂上如戳记。因为爱情如死之坚强……

(求) 你	(qiú) nǐ	you
(将) 我	(jiāng) wǒ	I
放	fàng	put
(在) 你	(zài) nǐ	you
心 (上)	xīn (shàng)	heart
(如) 印记	(rú) yìn jì	**seal**
带	dài	put
(在) 你	(zài) nǐ	you
臂 (上)	bì (shàng)	arm
(如) 戳记	(rú) chuō jì	seal
(因为) 爱情	(yīn wèi) ài qíng	love
(如) 死	(rú) sǐ	death
(之) 坚强	(zhī) jiān qiáng	**strong**

DAY 138 • WEEK 20 • MAY 18 — ISAIAH 1:18a — 以赛亚书 1:18a

Come now, let us **reason** (**辩论**) together, says the L<small>ORD</small>: though your sins are like scarlet, they shall be as **white as snow** (**雪白**) … (ESV)

| 辩论 | biàn lùn | (v) debate |
| 雪白 | xuě bái | (adj) white as snow |

耶和华说:"你们来,我们彼此**辩论**。你们的罪虽像硃红,必变成**雪白**……"

耶和华	Yē hé huá	the L<small>ORD</small>
说	shuō	say
你们	nǐ men	you (plural)
来	lái	come
我们	wǒ men	we
(彼此) **辩论**	(bǐ cǐ) biàn lùn	**debate**
你们	nǐ men	you (plural)
(的) 罪	(de) zuì	sin
(虽) 像	(suī) xiàng	like
硃红	zhū hóng	vermilion
(必) 变成	(bì) biàn chéng	become
雪白	xuě bái	**white as snow**

以赛亚书 6:8b — ISAIAH 6:8b — MAY 19 • WEEK 20 • DAY 139

"Whom shall I **send** (差遣), and who will go for us?" Then I said, "**Here** (这里) I am! Send (差遣) me." (ESV)

| 差遣 | *chāi qiǎn* | (v) **send** |
| 这里 | *zhè lǐ* | (n) **here** |

"我可以**差遣**谁呢？谁肯为我们去呢？"我说："我在**这里**，请**差遣**我！"

我	*wǒ*	I
可以	*kě yǐ*	can
差遣	*chāi qiǎn*	**send**
谁 (呢)	*shéi (ne)*	who
谁	*shéi*	who
肯	*kěn*	willing to
(为) 我们	*(wèi) wǒ men*	we
去 (呢)	*qù (ne)*	go
我	*wǒ*	I
说	*shuō*	say
我	*wǒ*	I
(在) **这里**	*(zài) zhè lǐ*	**here**
(请) **差遣**	*(qǐng) chāi qiǎn*	**send**
我	*wǒ*	I

DAY 140 • WEEK 20 • MAY 20 — ISAIAH 7:14 — 以赛亚书 7:14

Therefore the Lord himself will give you a **sign** (兆头). Behold, the virgin shall conceive and bear a son, and shall call his name **Immanuel** (以马内利). (ESV)

| 兆头 | *zhào tou* | (n) sign |
| 以马内利 | *Yǐ mǎ nèi lì* | (n) Immanuel |

因此，主自己要给你们一个兆头，必有童女怀孕生子，给他起名叫以马内利。

(因此) 主	(*yīn cǐ*) *Zhǔ*	the Lord
自己	*zì jǐ*	oneself
(要) 给	(*yào*) *gěi*	give
你们	*nǐ men*	you (plural)
(一个) 兆头	(*yī gè*) *zhào tou*	**sign**
(必) 有	(*bì*) *yǒu*	there is
童女	*tóng nǚ*	virgin
怀孕	*huái yùn*	pregnant
生子	*shēng zǐ*	give birth to a son
(给) 他	(*gěi*) *tā*	he
起名叫	*qǐ míng jiào*	give a name
以马内利 [88]	*Yǐ mǎ nèi lì*	**Immanuel**

---

[88] At times the 和合本 uses parentheses and a smaller size font to explain the meaning of proper names such as Immanuel in Isaiah 7:14: (就是 "神与我们同在" 的意思) (which means, "God with us"). See Ann Cui'an Peng, *The Translation of the Bible into Chinese: The Origin and Unique Authority of the Union Version*, Studies in Chinese Christianity (Eugene, OR: Pickwick, 2021), 95–96.

ISAIAH 9:6a

MAY 21 • WEEK 21 • DAY 141

For to us a **child** (婴孩) is born, to us a son is given; and the **government** (政权) shall be upon his shoulder … (ESV)

| 婴孩 | yīng hái | (n) **infant** |
| 政权 | zhèng quán | (n) **government authority** |

因有一**婴孩**为我们而生；有一子赐给我们。**政权**必担在他的肩头上……

(因) 有	(yīn) yǒu	there is
(一) **婴孩**	(yī) yīng hái	**infant**
(为) 我们	(wèi) wǒ men	we
(而) 生	(ér) shēng	be born
(有一) 子	(yǒu yī) zǐ	son
赐给	cì gěi	give
我们	wǒ men	we
政权	zhèng quán	**government authority**
(必) 担	(bì) dān	carry on the shoulder
(在) 他的	(zài) tā de	his
肩头 (上)	jiān tóu (shàng)	shoulder

DAY 142 • WEEK 21 • MAY 22 ISAIAH 9:14 以赛亚书 9:14

So the LORD cut off from Israel **head** (头) and **tail** (尾), palm branch and reed in one day. (ESV)

| 头 | *tóu* | (n) head |
| 尾 | *wěi* | (n) tail |

因此，耶和华一日之间必从以色列中剪除**头**与**尾**，棕枝与芦苇……

(因此) 耶和华	(*yīn cǐ*) *Yē hé huá*	the LORD
一日 (之间)	*yī rì* (*zhī jiān*)	one day
(必从) 以色列 (中)	(*bì cóng*) *Yǐ sè liè* (*zhōng*)	Israel
剪除	*jiǎn chú*	cut off
头	*tóu*	**head**
(与) **尾**	(*yǔ*) *wěi*	**tail**
棕枝	*zōng zhī*	palm branch
(与) 芦苇	(*yǔ*) *lú wěi*	reed

ISAIAH 25:1a

MAY 23 • WEEK 21 • DAY 143

O LORD, You are my God. I will **exalt** (尊崇) You, I will **praise** (称赞) Your name … (NKJV)

| 尊崇 | zūn chóng | (v) **exalt** |
| 称赞 | chēng zàn | (v) **praise** |

耶和华啊，你是我的神。我要尊崇你，我要称赞你的名。

耶和华 (啊)	Yē hé huá (a)	the LORD
你	nǐ	you
(是) 我的	(shì) wǒ de	my
神	shén	God
我	wǒ	I
(要) 尊崇	(yào) zūn chóng	**exalt**
你	nǐ	you
我	wǒ	I
(要) 称赞	(yào) chēng zàn	**praise**
你的	nǐ de	your
名	míng	name

DAY 144 • WEEK 21 • MAY 24 — ISAIAH 26:3 — 以赛亚书 26:3

You keep him in perfect peace whose mind is stayed on you, because he trusts in you. (ESV)

| 坚心 | jiān xīn | (adv) **firmly** |
| 十分 | shí fēn | (adv) **completely** |

坚心倚赖你的,你必保守他**十分**平安,因为他倚靠你。

坚心	*jiān xīn*	**firmly**
倚赖	*yǐ lài*	depend on
你 (的)	*nǐ (de)*	you
你	*nǐ*	you
(必) 保守	*(bì) bǎo shǒu*	preserve
他	*tā*	he
十分	*shí fēn*	**completely**
平安	*píng ān*	peace
(因为) 他	*(yīn wèi) tā*	he
倚靠	*yǐ kào*	rely on
你	*nǐ*	you

"In returning and rest you shall be saved; in **quietness** (平静) and in trust shall be your strength." But you were **unwilling** (不肯). (ESV)

平静	*píng jìng*	(n) **tranquility**
不肯	*bù kěn*	(v) **be unwilling**

"你们得救在乎归回安息，你们得力在乎**平静**安稳。"你们竟自**不肯**。

你们	*nǐ men*	you (plural)
得救	*dé jiù*	receive salvation
在乎	*zài hū*	depend upon
归回	*guī huí*	return
安息	*ān xī*	rest
你们	*nǐ men*	you (plural)
得力	*dé lì*	receive power
在乎	*zài hū*	depend upon
平静	*píng jìng*	**tranquility**
安稳	*ān wěn*	stable
你们	*nǐ men*	you (plural)
(竟)[89] 自	*(jìng) zì*	oneself
不肯	*bù kěn*	**be unwilling**

---

[89] 竟 is an adverb signaling that what follows is contrary to expectation. See Shaanxi Normal University Dictionary Editing Group, *Gu Han yu xu ci yong fa ci dian* (in Chinese) (Xian: Shaanxi People's Press, 1988), 255–256.

Comfort (安慰), **comfort** (安慰) my **people** (百姓), says your God. (ESV)

| 安慰 | ān wèi | (v) comfort |
| 百姓 | bǎi xìng | (n) common people |

你们的神说:"你们要安慰,安慰我的百姓。"

你们的	nǐ men de	your (plural)
神	shén	God
说	shuō	say
你们	nǐ men	you (plural)
(要) 安慰	(yào) ān wèi	**comfort**
安慰	ān wèi	**comfort**
我的	wǒ de	my
百姓 [90]	bǎi xìng	**common people**

---

[90] 百姓 literally means "hundred names" and alludes to the Chinese classic《百家姓》, a rhymed list of 504 surnames beginning with 赵, the family name of Song dynasty emperors, and ending with 百家姓终, "one hundred family names—the end." See Bingze Huang and Fang Huang, eds., *San zi jing · Bai jia xing · Qian zi wen · Zeng guang xian wen* (in Chinese) (Beijing: Chongwen Books, 2009), 47–49.

ISAIAH 40:8

The grass **withers** (枯干), the flower fades, but the word of our God will **stand** (立定) forever. (ESV)

| 枯干 | kū gān | (adj) withered |
| 立定 | lì dìng | (v) resolutely stand |

草必枯干，花必凋残，惟有我们神的话必永远立定。

草	cǎo	grass
(必) 枯干	(bì) kū gān	**withered**
花	huā	flower
(必) 凋残	(bì) diāo cán	withered
惟有	wéi yǒu	only
我们	wǒ men	we
神	shén	God
(的) 话	(de) huà	word
(必) 永远	(bì) yǒng yuǎn	forever
立定	lì dìng	**resolutely stand**

DAY 148 • WEEK 22 • MAY 28 — ISAIAH 40:11a — 以赛亚书 40:11a

He will **tend** his **flock** (牧养) like a shepherd; he will **gather** (聚集) the lambs in his arms; he will carry them in his bosom … (ESV)

| 牧养 | *mù yǎng* | (v) tend a flock |
| 聚集 | *jù jí* | (v) gather |

他必像牧人**牧养**自己的羊群,用膀臂**聚集**羊羔抱在怀中……

他	*tā*	he
(必像) 牧人	*(bì xiàng) mù rén*	shepherd
牧养 [91]	*mù yǎng*	**tend a flock**
自己	*zì jǐ*	one's own
(的) 羊群	*(de) yáng qún*	flock
用	*yòng*	use
膀臂	*bǎng bì*	arm
聚集	*jù jí*	**gather**
羊羔 [92]	*yáng gāo*	sheep
抱	*bào*	carry in the arms
(在) 怀 (中)	*(zài) huái (zhōng)*	bosom

---

[91] In its original meaning 牧养 has to do with the shepherding of sheep, but in a Christian sense denotes pastoral care. See Jo Ann Yau and Qiu Sheng Lung, *Kingdom Speak*, Biblical Interpretation Series (Hong Kong: Worldwide Bible Society, 2019), 60.

[92] The 和合本 uses 羊羔 to refer to lambs, and the reverse order expression 羔羊 (see Day 358) to refer to Christ as the Lamb of God.

以赛亚书 40:31b　　ISAIAH 40:31b　　MAY 29 • WEEK 22 • DAY 149

They will mount up with wings like **eagles** (鹰), They will **run** (奔跑) and not get tired, They will walk and not become weary. (NASB 1995)

| 鹰 | yīng | (n) **eagle** |
| 奔跑 | bēn pǎo | (v) **run** |

他们必如鹰展翅上腾；他们奔跑却不困倦，行走却不疲乏。

他们	tā men	they
(必如) 鹰	(bì rú) yīng	**eagle**
展翅	zhǎn chì	spread wings
上腾	shàng téng	soar upward
他们	tā men	they
奔跑	bēn pǎo	**run**
(却不) 困倦	(què bù) kùn juàn	tired
行走	xíng zǒu	walk
(却不) 疲乏	(què bù) pí fá	weary

Be silent before me, you **islands** (海岛)! Let the nations renew their strength! Let them come forward and speak; let us meet **together** (彼此) at the place of judgment. (NIV)

| 海岛 | hǎi dǎo | (n) island |
| 彼此 | bǐ cǐ | (adv) mutually |

众**海岛**啊，当在我面前静默；众民当从新得力，都要近前来才可以说话，我们可以**彼此**辩论。

(众) 海岛 (啊)	(zhòng) hǎi dǎo (a)	**island**
(当在) 我 (面前)	(dāng zài) wǒ (miàn qián)	I
静默	jìng mò	silence
(众) 民	(zhòng) mín	peoples
(当从) 新	(dāng cóng) xīn	new
得力	dé lì	receive power
(都要) 近前来	(dōu yào) jìn qián lái	come forward
(才 [93] 可以) 说话	(cái kě yǐ) shuō huà	speak
我们	wǒ men	we
(可以) 彼此	(kě yǐ) bǐ cǐ	**mutually**
辩论	biàn lùn	debate

---

[93] Here the adverb 才 means something like "only then," indicating that what comes after 才 depends upon meeting the conditions that come before. Hence in Isa 41:1, the nations must come forward in order to speak. Use of 就 rather than 才 would simplify the 才 "if and only if" notion to "if." See Yung-O Biq, "From Focus in Proposition to Focus in Speech Situation: *Cai* and *Jiu* in Mandarin Chinese," *Journal of Chinese Linguistics* 16 (1988): 72–108, esp. 73–74.

以赛亚书 42:1 — ISAIAH 42:1 — MAY 31 • WEEK 22 • DAY 151

Behold my **servant** (仆人), whom I **uphold** (扶持), my chosen, in whom my soul delights … (ESV)

| 仆人 | *pú rén* | (n) **servant** |
| 扶持 | *fú chí* | (v) **uphold** |

看哪，我的**仆人**，我所**扶持**、所拣选、心里所喜悦的……

看哪	*kàn na*	Look!
我的	*wǒ de*	my
仆人	*pú rén*	**servant**
我	*wǒ*	I
(所) **扶持**	(*suǒ*) *fú chí*	**uphold**
(所) 拣选	(*suǒ*) *jiǎn xuǎn*	choose
心 (里)	*xīn* (*lǐ*)	heart
(所) 喜悦 (的)	(*suǒ*) *xǐ yuè* (*de*)	joy

DAY 152 • WEEK 22 • JUN 1 ISAIAH 43:2 以赛亚书 43:2

When you **pass through** (经过) the waters, I will be with you; and through the **rivers** (江河), they shall not overwhelm you … (ESV)

| 经过 | jīng guò | (v) go through |
| 江河 | jiāng hé | (n) river |

你从水中经过，我必与你同在；你趟过江河，水必不漫过你……

你	nǐ	you
(从) 水 (中)	(cóng) shuǐ (zhōng)	water
经过	**jīng guò**	**go through**
我	wǒ	I
(必与) 你	(bì yǔ) nǐ	you
同在	tóng zài	with
你	nǐ	you
趟过	tāng guò	wade through
江河	**jiāng hé**	**river**
水	shuǐ	water
(必不) 漫过	(bì bù) màn guò	inundate
你	nǐ	you

ISAIAH 45:23b

JUN 2 • WEEK 22 • DAY 153

To me every knee shall **bow** (跪拜), every tongue shall swear allegiance. (ESV)

| 跪拜 | *guì bài* | (v) **kneel in worship** |
| 凭 | *píng* | (v) **rely on** |

万膝必向我**跪拜**，万口必**凭**我起誓。

万膝	*wàn xī*	every knee
(必向) 我	*(bì xiàng) wǒ*	I
跪拜	***guì bài***	**kneel in worship**
万口	*wàn kǒu*	every mouth
(必) **凭**	*(bì)* ***píng***	**rely on**
我	*wǒ*	I
起誓	*qǐ shì*	swear

DAY 154 • WEEK 22 • JUN 3   ISAIAH 53:5b   以赛亚书 53:5b

The **chastening** (刑罚) for our peace fell upon Him, And by His **wounds** (鞭伤) we are healed. (LSB)

刑罚	*xíng fá*	(n) **punishment**
鞭伤	*biān shāng*	(n) **wound from whipping**

因他受的**刑罚**,我们得平安;因他受的**鞭伤**,我们得医治。

(因) 他	(*yīn*) *tā*	he
受	*shòu*	receive
(的) **刑罚**	(*de*) *xíng fá*	**punishment**
我们	*wǒ men*	we
得	*dé*	get
平安	*píng ān*	peace
(因) 他	(*yīn*) *tā*	he
受	*shòu*	receive
(的) **鞭** [94] **伤**	(*de*) *biān shāng*	**wound from whipping**
我们	*wǒ men*	we
得	*dé*	get
医治	*yī zhì*	healing

---

[94] The Chinese character 鞭 ("whip") has the rare left-side radical 革 ("leather" or "change"), which Chinese learners would encounter by itself in 宗教改革 ("Protestant Reformation") and as a radical in 鞋 ("shoe"), as in Exod 3:5.

All we like sheep have **gone astray** (走迷); we have all turned to our own way, and the LORD has laid on him the iniquity of us all. (NRSV)

走迷	*zǒu mí*	(v) **go astray**
偏	*piān*	(adv) **stubbornly**

我们都如羊**走迷**；各人**偏**行己路；耶和华使我们众人的罪孽都归在他身上。

我们	*wǒ men*	we
(都如) 羊	*(dōu rú) yáng*	sheep
走迷	*zǒu mí*	**go astray**
各人	*gè rén*	everyone
偏	*piān*	**stubbornly**
行	*xíng*	go
己	*jǐ*	one's own way
路	*lù*	way
耶和华	*Yē hé huá*	the LORD
(使) 我们	*(shǐ) wǒ men*	we
众人	*zhòng rén*	everyone
(的) 罪孽	*(de) zuì niè*	sin
(都) 归	*(dōu) guī*	return
(在) 他	*(zài) tā*	he
身 (上)	*shēn (shàng)*	body

DAY 156 • WEEK 23 • JUN 5 — ISAIAH 55:6 — 以赛亚书 55:6

Seek the Lord when he can still be **found** (**寻找**); **call** (**求告**) him while he is yet near. (CEB)

| 寻找 | xún zhǎo | (v) seek for |
| 求告 | qiú gào | (v) call upon |

当趁耶和华可**寻找**的时候**寻找**他，相近的时候**求告**他。

(当) 趁	(dāng) chèn	while
耶和华	Yē hé huá	the Lord
(可) **寻找**	(kě) xún zhǎo	**seek for**
的时候	de shí hòu	when
寻找	xún zhǎo	**seek for**
他	tā	he
相近	xiāng jìn	near
的时候	de shí hòu	when
求告	qiú gào	**call upon**
他	tā	he

Let the wicked **forsake** (离弃) his way and the unrighteous man his thoughts … (LSB)

离弃	*lí qì*	(v) **abandon**
除掉	*chú diào*	(v) **eliminate**

恶人当**离弃**自己的道路，不义的人当**除掉**自己的意念……

恶人	*è rén*	wicked person
(当) **离弃**	(*dāng*) *lí qì*	**abandon**
自己的	*zì jǐ de*	oneself
道路	*dào lù*	way
(不) 义	(*bù*) *yì*	righteous
(的) 人	(*de*) *rén*	person
(当) **除掉**	(*dāng*) *chú diào*	**eliminate**
自己的	*zì jǐ de*	oneself
意念	*yì niàn*	thought

DAY 158 • WEEK 23 • JUN 7 — ISAIAH 61:1a — 以赛亚书 61:1a

The Spirit of the Lord God is upon me, because the Lord has **anointed** (膏) me to bring good **news** (信息) to the poor … (ESV)

| 膏 | gāo | (n) anointing oil (v) anoint |
| 信息 | xìn xī | (n) message |

主耶和华的灵在我身上，因为耶和华用**膏**膏我，叫我传好**信息**给谦卑的人……

主	Zhǔ	Lord
耶和华	Yē hé huá	the Lord
(的) 灵	(de) líng	spirit
(在) 我 (身上)	(zài) wǒ (shēn shàng)	I
(因为) 耶和华	(yīn wèi) Yē hé huá	the Lord
用	yòng	use
膏	gāo	**anointing oil**
膏	gāo	**anoint**
我	wǒ	I
(叫) 我	(jiào) wǒ	I
传	chuán	preach
好**信息**	hǎo xìn xī	good **message**
(给) 谦卑	(gěi) qiān bēi	humble
(的) 人	(de) rén	person

以赛亚书 64:8 — ISAIAH 64:8 — JUN 8 • WEEK 23 • DAY 159

But now, O LORD, you are our Father; we are the **clay** (泥), and you are our **potter** (窑匠); we are all the work of your hand. (ESV)

| 泥 | *ní* | (n) **clay** |
| 窑匠 | *yáo jiàng* | (n) **potter** |

耶和华啊，现在你仍是我们的父！我们是泥，你是窑匠；我们都是你手的工作。

耶和华 (啊)	*Yē hé huá (a)*	the LORD
现在	*xiàn zài*	now
你	*nǐ*	you
(仍是) 我们的	*(réng shì) wǒ men de*	our
父	*fù*	father
我们	*wǒ men*	we
(是) 泥	*(shì) ní*	**clay**
你	*nǐ*	you
(是) 窑匠 [95]	*(shì) yáo jiàng*	**potter**
我们	*wǒ men*	we
(都是) 你	*(dōu shì) nǐ*	you
手	*shǒu*	hand
(的) 工作	*(de) gōng zuò*	work

---

[95] "Potter" in modern Chinese is 陶匠, as in the 新译本.

DAY 160 • WEEK 23 • JUN 9   JEREMIAH 1:5a   耶利米书 1:5a

Before I formed you in the womb I **knew** (**晓得**) you, and before you were born I **consecrated** (**分别** X **为圣**) you. (ESV)

| 晓得 | *xiǎo dé* | (v) **know** |
| 分别 X 为圣 | *fēn bié* X *wéi shèng* | (v) **consecrate** X |

我未将你造在腹中，我已晓得你。你未出母胎，我已分别你为圣。

我	*wǒ*	I
(未将) 你	(*wèi jiāng*) *nǐ*	you
造	*zào*	create
(在) 腹 (中)	(*zài*) *fù* (*zhōng*)	belly
我	*wǒ*	I
(已) 晓得 [96]	(*yǐ*) *xiǎo dé*	**know**
你	*nǐ*	you
你	*nǐ*	you
(未) 出	(*wèi*) *chū*	go out
母胎	*mǔ tāi*	mother's womb
我	*wǒ*	I
(已) 分别你为圣	(*yǐ*) *fēn bié nǐ wéi shèng*	**consecrate** you

---

[96] A learner of Chinese might expect 认识 (as in the 新译本) rather than 晓得 (和合本) in Jer 1:5. Modern Standard Chinese adopted 晓得 from Southern Mandarin. See Peter Davies, "The Non-Beijing Dialect Component in Modern Standard Chinese," pages 192–206 in Kingsley Bolton and Helen Kwok, eds., *Sociolinguistics Today: International Perspectives* (New York: Routledge, 1992), 193. See also Shixi Gu, ed., *Xian dai Han yu chang yong ci yong fa ci dian* (in Chinese) (Beijing: China Book Publishers, 2002), 949.

耶利米书 12:7 — JEREMIAH 12:7 — JUN 10 • WEEK 23 • DAY 161

I have abandoned my **house** (**殿宇**); I have deserted my **inheritance** (**产业**). I have handed the love of my life over to her enemies. (CSB)

| 殿宇 | *diàn yǔ* | (n) **temple** |
| 产业 | *chǎn yè* | (n) **inheritance** |

我离了我的**殿宇**，撇弃我的**产业**，将我心里所亲爱的交在她仇敌的手中。

我	*wǒ*	I
离 (了)	*lí (le)*	leave
我的	*wǒ de*	my
殿宇	*diàn yǔ*	**temple**
撇弃	*piē qì*	cast away
我的	*wǒ de*	my
产业	*chǎn yè*	**inheritance**
(将) 我	*(jiāng) wǒ*	I
心 (里)	*xīn (lǐ)*	heart
(所) 亲爱 (的)	*(suǒ) qīn ài (de)*	beloved
交	*jiāo*	hand over
(在) 她	*(zài) tā*	she
仇敌	*chóu dí*	enemy
(的) 手 (中)	*(de) shǒu (zhōng)*	hand

DAY 162 • WEEK 24 • JUN 11 — JEREMIAH 20:9 — 耶利米书 20:9

... there is in my heart **as it were** (似乎) a burning fire shut up in my **bones** (骨), and I am weary with holding it in, and I cannot. (ESV)

似乎	sì hū	(adv) **seemingly**
骨	gǔ	(n) **bone**

我便心里觉得**似乎**有烧着的火闭塞在我**骨**中，我就含忍不住，不能自禁。

我	wǒ	I
(便) 心 (里)	(biàn) xīn (lǐ)	heart
觉得	jué de	think
似乎	**sì hū**	**seemingly**
(有) 烧 (着的)	(yǒu) shāo (zhe de)	burn
火	huǒ	fire
闭塞	bì sè	stop up
(在) 我	(zài) wǒ	I
骨 (中)	**gǔ** (zhōng)	**bone**
我	wǒ	I
(就) 含	(jiù) hán	contain
忍不住	rěn bù zhù	unbearable
(不能) 自禁	(bù néng) zì jīn	control oneself

耶利米书 29:11 — JEREMIAH 29:11 — JUN 12 • WEEK 24 • DAY 163

For I know the **thoughts** (意念) that I think toward you, says the LORD, **thoughts** (意念) of peace and not of **evil** (灾祸) ... (NKJV)

| 意念 | yì niàn | (n) thought |
| 灾祸 | zāi huò | (n) disaster |

耶和华说：我知道我向你们所怀的**意念**是赐平安的**意念**，不是降**灾祸**的**意念**……

耶和华	*Yē hé huá*	the LORD
说	*shuō*	say
我	*wǒ*	I
知道	*zhī dào*	know
我	*wǒ*	I
(向) 你们	(*xiàng*) *nǐ men*	you (plural)
(所) 怀 (的)	(*suǒ*) *huái* (*de*)	keep in mind
意念	*yì niàn*	**thought**
(是) 赐	(*shì*) *cì*	give
平安	*píng ān*	peace
(的) **意念**	(*de*) *yì niàn*	**thought**
(不是) 降	(*bù shì*) *jiàng*	send down
灾祸	*zāi huò*	**disaster**
(的) **意念**	(*de*) *yì niàn*	**thought**

DAY 164 • WEEK 24 • JUN 13   JEREMIAH 31:2   耶利米书 31:2

Thus (如此) says the L<small>ORD</small>, "The people who survived the **sword** (刀剑) found grace in the wilderness—Israel, when it went to find its rest." (NASB 1995)

| 如此 | rú cǐ | (adv) like this |
| 刀剑 | dāo jiàn | (n) sword |

耶和华**如此**说:"脱离**刀剑**的就是以色列人,我使他享安息的时候,他曾在旷野蒙恩。"

耶和华	Yē hé huá	the L<small>ORD</small>
如此	**rú cǐ**	**like this**
说	shuō	say
脱离	tuō lí	break away from
刀剑 (的)	**dāo jiàn** (de)	**sword**
就是	jiù shì	be
以色列人	Yǐ sè liè rén	Israelite
我	wǒ	I
(使) 他	(shǐ) tā	he
享	xiǎng	enjoy
安息 (的时候)	ān xī (de shí hòu)	rest
他	tā	he
(曾在) 旷野	(céng zài) kuàng yě	wilderness
(蒙) 恩	(méng) ēn	grace

耶利米书 32:17 — JEREMIAH 32:17 — JUN 14 • WEEK 24 • DAY 165

"Ah, Lord GOD!" It is you who have made the heavens and the earth by your great power and by your **outstretched** (伸出) **arm** (膀臂)! Nothing is too hard for you. (ESV)

伸出	shēn chū	(v) **stretch out**
膀臂	bǎng bì	(n) **arm**

主耶和华啊，你曾用大能和伸出来的膀臂创造天地，在你没有难成的事。

主	Zhǔ	Lord
耶和华 (啊)	Yē hé huá (a)	the LORD
你	nǐ	you
(曾) 用	(céng) yòng	use
大能	dà néng	great power
(和) 伸出 (来)	(hé) shēn chū (lái)	**stretch out**
(的) 膀臂	(de) bǎng bì	**arm**
创造	chuàng zào	create
天地	tiān dì	heaven and earth
(在) 你	(zài) nǐ	you
(没有) 难成	(méi yǒu) nán chéng	difficult to accomplish
(的) 事	(de) shì	matter

DAY 166 • WEEK 24 • JUN 15 — JEREMIAH 33:3 — 耶利米书 33:3

Call to me and I will **answer** (应允) you, and will **tell** (指示) you great and hidden things that you have not known. (ESV)

| 应允 | yīng yǔn | (v) **answer** |
| 指示 | zhǐ shì | (v) **instruct** |

你求告我，我就**应允**你，并将你所不知道，又大又难的事**指示**你。

你	nǐ	you
求告	qiú gào	call upon
我	wǒ	I
我	wǒ	I
(就) **应允**	(jiù) yīng yǔn	**answer**
你	nǐ	you
(并将) 你	(bìng jiāng) nǐ	you
(所不) 知道	(suǒ bù) zhī dào	know
(又)[97] 大	(yòu) dà	great
(又) 难	(yòu) nán	difficult
(的) 事	(de) shì	thing
指示	zhǐ shì	**instruct**
你	nǐ	you

---

[97] 又……又…… expresses "two similar properties about a subject." Claudia Ross et al., *Modern Mandarin Chinese Grammar: A Practical Guide*, 3rd ed. (New York: Routledge, 2024), 281.

耶利米哀歌 1:19a   LAMENTATIONS 1:19a   JUN 16 • WEEK 24 • **DAY 167**

I **called** (招呼) to my **lovers** (亲爱), but they deceived me ... (ESV)

| 招呼 | zhāo hū | (v) **call out to** |
| 亲爱 | qīn ài | (n) **beloved** |

我**招呼**我所**亲爱**的，他们却愚弄我。

我	wǒ	I
招呼 [98]	zhāo hū	**call out to**
我	wǒ	I
(所) **亲爱** (的)	(suǒ) qīn ài (de)	**beloved**
他们	tā men	they
(却) 愚弄	(què) yú nòng	deceive
我	wǒ	I

---

[98] The word 招呼 zhāo hū is entirely different in meaning from 呼召 hū zhāo, which communicates the concept of vocational calling as a noun, or the action of God calling as a verb. Despite widespread Christian use of the word 呼召, this term does not appear in the 和合本. See Longguang Lu, ed., *Biblical and Theological Dictionary of Christianity* (in Chinese) (Beijing: Religious Culture Publishing, 2007), 121.

DAY 168 • WEEK 24 • JUN 17　LAMENTATIONS 3:25　耶利米哀歌 3:25

The L ORD **is good to** (**施恩**) those who wait for him, to the soul who **seeks** (**寻求**) him. (ESV)

| 寻求 | xún qiú | (v) **seek** |
| 施恩 | shī ēn | (v) **give mercy** |

凡等候耶和华，心里**寻求**他的，耶和华必**施恩**给他。

凡	fán	all
等候	děng hòu	wait
耶和华	Yē hé huá	the L ORD
心 (里)	xīn (lǐ)	heart
寻求	xún qiú	**seek**
他 (的)	tā (de)	he
耶和华	Yē hé huá	the L ORD
(必) **施恩**	(bì) shī ēn	**give mercy**
(给) 他	(gěi) tā	he

以西结书 7:2　　　EZEKIEL 7:2　　　JUN 18 • WEEK 25 • **DAY 169**

And you, O son of man, thus says the Lord God to the land of Israel: An **end** (结局)! The **end** (结局) has come upon the **four corners** (四境) of the land. (ESV)

| 结局 | *jié jú* | (n) **end** |
| 四境 | *sì jìng* | (n) **four corners** |

人子啊，主耶和华对以色列地如此说，**结局**到了，**结局**到了地的**四境**。

人子 (啊)	*rén zǐ (a)*	son of man
主	*Zhǔ*	Lord
耶和华	*Yē hé huá*	the Lord
(对) 以色列	*(duì) Yǐ sè liè*	Israel
地	*dì*	land
如此	*rú cǐ*	like this
说	*shuō*	say
结局 (到了)	*jié jú (dào le)*	**end**
结局 (到了)	*jié jú (dào le)*	**end**
地	*dì*	land
(的) **四境**	*(de) sì jìng*	**four corners**

DAY 170 · WEEK 25 · JUN 19 — EZEKIEL 36:26b / 以西结书 36:26b

And I will remove the **heart of stone** (石心) from your flesh and give you a **heart of flesh** (肉心). (ESV)

| 石心 | *shí xīn* | (n) heart of stone |
| 肉心 | *ròu xīn* | (n) heart of flesh |

又从你们的肉体中除掉石心，赐给你们肉心。

(又从) 你们的	(*yòu cóng*) *nǐ men* (*de*)	your (plural)
肉体 (中)	*ròu tǐ* (*zhōng*)	physical body
除掉	*chú diào*	eliminate
石心	*shí xīn*	**heart of stone**
赐给	*cì gěi*	give
你们	*nǐ men*	you (plural)
肉心	*ròu xīn*	**heart of flesh**

但以理书 3:17 — DANIEL 3:17 — JUN 20 · WEEK 25 · DAY 171

If this be so, our God whom we **serve** (侍奉) is able to deliver us from the **burning fiery furnace** (烈火的窑), and he will deliver us out of your hand, O king. (ESV)

侍奉	shì fèng	(v) **serve**
烈火的窑	liè huǒ de yáo	(n) **fiery furnace**

即便如此，我们所**侍奉**的神能将我们从**烈火的窑**中救出来。王啊，他也必救我们脱离你的手。

即便如此	jí biàn rú cǐ	if this be so
我们	wǒ men	we
(所) **侍奉** (的)	(suǒ) shì fèng (de)	**serve**
神	shén	God
(能将) 我们	(néng jiāng) wǒ men	we
(从) **烈火的窑** (中)	(cóng) liè huǒ de yáo (zhōng)	**fiery furnace**
救 (出来)	jiù (chū lái)	save
王 (啊)	wáng (a)	king
他	tā	he
(也必) 救	(yě bì) jiù	save
我们	wǒ men	we
脱离	tuō lí	break away from
你的	nǐ de	your
手	shǒu	hand

DAY 172 • WEEK 25 • JUN 21   DANIEL 5:10   但以理书 5:10

The **queen** (太后), because of the words of the king and his lords, came into the banqueting hall, and the queen declared, "O king, **live forever**! (万岁)" … (ESV)

| 太后 | tài hòu | (n) queen |
| 万岁 | wàn suì | live forever! |

太后因王和他大臣所说的话，就进入宴宫，说："愿王万岁！……"

太后	tài hòu	queen
(因) 王	(yīn) wáng	king
(和) 他	(hé) tā	he
大臣	dà chén	high official
(所) 说 (的)	(suǒ) shuō (de)	say
话	huà	word
(就) 进入	(jiù) jìn rù	enter
宴宫	yàn gōng	banquet hall
说	shuō	say
(愿) 王	(yuàn) wáng	king
万岁	wàn suì	**live forever!**

但以理书 7:13

DANIEL 7:13

I saw in the night visions, and behold, with the clouds of heaven there came one like a **son of man** (人子), and he came to the **Ancient of Days** (亘古常在者) and was presented before him. (ESV)

| 人子 | rén zǐ | (n) **son of man** |
| 亘古常在者 | Gèn gǔ cháng zài zhě | (n) **Ancient of Days** |

我在夜间的异象中观看，见有一位像人子的，驾着天云而来，被领到亘古常在者面前……

我	wǒ	I
(在) 夜间	(zài) yè jiān	nighttime
(的) 异象 (中)	(de) yì xiàng (zhōng)	vision
观看	guān kàn	see
见	jiàn	see
(有) 一位	(yǒu) yī wèi	one
(像) 人子 (的)	(xiàng) rén zǐ (de)	**son of man**
驾 (着)	jià (zhe)	ride
天云	tiān yún	heavenly cloud
(而) 来	(ér) lái	come
(被) 领	(bèi) lǐng	lead
(到)	(dào)	to
亘古常在者	Gèn gǔ cháng zài zhě	**Ancient of Days**
面前	miàn qián	before

DAY 174 • WEEK 25 • JUN 23 — HOSEA 5:1a — 何西阿书 5:1a

Hear this, O **priests** (祭司)! **Pay attention** (留心), O house of Israel! (ESV)

| 祭司 | jì sī | (n) **priest** |
| 留心 | liú xīn | (v) **pay attention** |

众**祭司**啊，要听我的话，以色列家啊，要**留心**听。

(众) **祭司** (啊)	(zhòng) jì sī (a)	**priest**
(要) 听	(yào) tīng	hear
我的	wǒ de	my
话	huà	word
以色列	Yǐ sè liè	Israel
家 (啊)	jiā (a)	house
(要) **留心**	(yào) liú xīn	**pay attention**
听	tīng	hear

约珥书 2:13a　　　JOEL 2:13a　　　JUN 24 • WEEK 25 • **DAY 175**

Rend (撕裂) your heart and not your garments. **Return** (归向) to the LORD your God ... (NIV)

| 撕裂 | sī liè | (v) **rip apart** |
| 归向 | guī xiàng | (v) **return** |

你们要**撕裂**心肠，不**撕裂**衣服，**归向**耶和华你们的神……

你们	nǐ men	you (plural)
(要) **撕裂**	(yào) sī liè	**rip apart**
心肠	xīn cháng	heart
(不) **撕裂**	(bù) sī liè	**rip apart**
衣服	yī fu	clothes
归向	guī xiàng	**return**
耶和华	Yē hé huá	the LORD
你们的	nǐ men de	your (plural)
神	shén	God

DAY 176 • WEEK 26 • JUN 25 AMOS 3:3 阿摩司书 3:3

Do two **walk together** (同行), unless they have **agreed** (同心) to meet? (ESV)

同心	tóng xīn	(v) **be of one mind**
同行	tóng xíng	(v) **go together**

二人若不**同心**，岂能**同行**呢？

二	èr	two
人	rén	person
(若不) **同心**	(ruò bù) tóng xīn	**be of one mind**
岂	qǐ	how
(能) **同行** (呢)	(néng) tóng xíng (ne)	**go together**

OBADIAH 10

Because of the **violence** (**强暴**) done to your brother Jacob, shame shall **cover** (**遮盖**) you, and you shall be cut off forever. (ESV)

| 强暴 | qiáng bào | (n) violence |
| 遮盖 | zhē gài | (v) cover |

因你向兄弟雅各行**强暴**，羞愧必**遮盖**你，你也必永远断绝。

(因) 你	(yīn) nǐ	you
(向) 兄弟	(xiàng) xiōng dì	brother
雅各	Yǎ gè	Jacob
行	xíng	do
强暴	qiáng bào	**violence**
羞愧	xiū kuì	shame
(必) **遮盖**	(bì) zhē gài	**cover**
你	nǐ	you
你	nǐ	you
(也必) 永远	(yě bì) yǒng yuǎn	forever
断绝	duàn jué	cut off

DAY 178 · WEEK 26 · JUN 27 — JONAH 2:2 — 约拿书 2:2

He said: In my trouble I called to the LORD, And He answered me; From the belly of **Sheol** (**阴间**) I cried out, And You heard my voice. (NJPS)

| 遭遇 | *zāo yù* | (v) **encounter** (bad situation) |
| 阴间 | *yīn jiān* | (n) **Sheol** |

说:"我**遭遇**患难求告耶和华,你就应允我;从**阴间**的深处呼求,你就俯听我的声音。"

说	*shuō*	say
我	*wǒ*	I
遭遇患难	*zāo yù huàn nàn*	**encounter** tribulation
求告	*qiú gào*	call upon
耶和华	*Yē hé huá*	the LORD
你	*nǐ*	you
(就) 应允	*(jiù) yīng yǔn*	answer
我	*wǒ*	I
(从) **阴间**	*(cóng) yīn jiān*	**Sheol**
(的) 深处	*(de) shēn chù*	deep place
呼求	*hū qiú*	cry
你	*nǐ*	you
(就) 俯听	*(jiù) fǔ tīng*	hear
我的	*wǒ de*	my
声音	*shēng yīn*	voice

弥迦书 5:15　　　　MICAH 5:15　　JUN 28 • WEEK 26 • **DAY 179**

And in **anger** (怒气) and **wrath** (忿怒) I will execute vengeance on the nations that did not obey. (ESV)

| 怒气 | *nù qì* | (n) **anger** |
| 忿怒 | *fèn nù* | (n) **wrath** |

我也必在**怒气**，和**忿怒**中向那不听从的列国施报。

我	*wǒ*	I
(也必在) **怒气**	(*yě bì zài*) *nù qì*	**anger**
(和) **忿怒** (中)	(*hé*) *fèn nù* (*zhōng*)	**wrath**
(向那不) 听从 (的)	(*xiàng nà bù*) *tīng cóng* (*de*)	obey
列国	*liè guó*	nations
施	*shī*	do
报	*bào*	revenge

DAY 180 • WEEK 26 • JUN 29 — NAHUM 1:7 — 那鸿书 1:7

The LORD is good, a **stronghold** (**保障**) in the **day** (**日子**) of trouble; he knows those who take refuge in him. (ESV)

| 日子 | *rì zi* | (n) **day** |
| 保障 | *bǎo zhàng* | (n) **safeguard** |

耶和华本为善，在患难的**日子**为人的**保障**。并且认得那些投靠他的人。

耶和华	*Yē hé huá*	the LORD
本为	*běn wéi*	by nature is
善	*shàn*	good
(在) 患难 (的)	*(zài) huàn nàn (de)*	tribulation
日子	*rì zi*	**day**
(为) 人 (的)	*(wèi) rén (de)*	person
保障	*bǎo zhàng*	**safeguard**
(并且) 认得	*(bìng qiě) rèn de*	know
(那些) 投靠	*(nà xiē) tóu kào*	rely upon
他	*tā*	he
(的) 人	*(de) rén*	person

The LORD God is my strength. He will set my feet like the **deer** (鹿). He will let me walk upon the **heights** (高处). (CEB)

| 鹿 | lù | (n) **deer** |
| 高处 | gāo chù | (n) **high place** |

主耶和华是我的力量。他使我的脚快如母鹿的蹄。又使我稳行在**高处**。

主	Zhǔ	Lord
耶和华	Yē hé huá	the LORD
(是) 我的	(shì) wǒ de	my
力量	lì liàng	strength
他	tā	he
(使) 我的	(shǐ) wǒ de	my
脚	jiǎo	foot
快	kuài	fast
(如) 母鹿	(rú) mǔ lù	**deer**
(的) 蹄	(de) tí	hoof
(又使) 我	(yòu shǐ) wǒ	I
稳	wěn	stable
行	xíng	go
(在) 高处	(zài) gāo chù	**high place**

DAY 182 • WEEK 26 • JUL 1   ZEPHANIAH 3:1   西番雅书 3:1

Woe to her who is **rebellious** (悖逆) and **defiled** (污秽), the oppressing city! (ESV)

| 悖逆 | bèi nì | (n) rebellion |
| 污秽 | wū huì | (n) filth |

这**悖逆**、**污秽**、欺压的城有祸了。

(这) **悖逆**	(zhè) bèi nì	**rebellion**
污秽	wū huì	**filth**
欺压	qī yā	oppress
(的) 城	(de) chéng	city
(有) 祸 (了)	(yǒu) huò (le)	woe to

哈该书 1:4 — HAGGAI 1:4

Is it a time for you yourselves to dwell in your **paneled** (天花板) houses, while this house lies in ruins? (ESV)

| 仍然 | réng rán | (adv) **still** |
| 天花板 | tiān huā bǎn | (n) **ceiling** |

这殿**仍然**荒凉，你们自己还住**天花板**的房屋吗？

(这) 殿	(zhè) diàn	temple
仍然	réng rán	**still**
荒凉	huāng liáng	desolate
你们	nǐ men	you (plural)
自己	zì jǐ	oneself
(还) 住	(hái) zhù	dwell
天花板 [99]	tiān huā bǎn	**ceiling**
(的) 房屋 (吗)	(de) fáng wū (ma)	house

---

[99] Modern Chinese uses 天花板 for "ceiling" rather than for ornate paneling. See Yucai Li and Chunying Bu, eds., *Han Ying jian zhu zhuang shi gong cheng ci dian* (in Chinese) (Beijing: China Commercial Press, 2000), 930.

DAY 184 · WEEK 27 · JUL 3   ZECHARIAH 12:10b   撒迦利亚书 12:10b

They will look on me, the one they have **pierced** (扎), and they will **mourn** (悲哀) for him as one mourns for an only child … (ESV)

| 扎 | zhā | (v) **pierce** |
| 悲哀 | bēi āi | (v) **mourn** |

他们必仰望我，就是他们所扎的。必为我悲哀，如丧独生子……

他们	tā men	they
(必) 仰望	(bì) yǎng wàng	look toward
我	wǒ	I
(就是) 他们	(jiù shì) tā men	they
(所) 扎 (的)	(suǒ) zhā (de)	**pierce**
(必为) 我	(bì wèi) wǒ	I
悲哀	bēi āi	**mourn**
(如) 丧	(rú) sàng	mourning
独生子	dú shēng zǐ	only son

For I the LORD do not **change** (改变); therefore you, O children of Jacob, are not **consumed** (灭亡). (ESV)

| 改变 | *găi biàn* | (v) **change** |
| 灭亡 | *miè wáng* | (v) **perish** |

因我耶和华是不改变的，所以你们雅各之子没有灭亡。

(因) 我	(*yīn*) *wǒ*	I
耶和华	*Yē hé huá*	the LORD
(是不) 改变 (的)	(*shì bù*) *găi biàn* (*de*)	**change**
(所以) 你们	(*suǒ yǐ*) *nǐmen*	you (plural)
雅各	*Yǎ gè*	Jacob
(之) 子	(*zhī*) *zǐ*	son
(没有) 灭亡	(*méi yǒu*) *miè wáng*	**perish**

DAY 186 · WEEK 27 · JUL 5 — MALACHI 4:6 — 玛拉基书 4:6

And he will **turn** (转向) the hearts of fathers to their children and the hearts of children to their fathers, **lest** (免得) I come and strike the land with a decree of utter destruction. (ESV)

| 转向 | zhuǎn xiàng | (v) **turn** |
| 免得 | miǎn de | (conj) **lest** |

他必使父亲的心**转向**儿女，儿女的心**转向**父亲，**免得**我来咒诅遍地。

他	tā	he
(必使) 父亲	(bì shǐ) fù qīn	father
(的) 心	(de) xīn	heart
转向	zhuǎn xiàng	**turn**
儿女	ér nǚ	children
儿女	ér nǚ	children
(的) 心	(de) xīn	heart
转向	zhuǎn xiàng	**turn**
父亲	fù qīn	father
免得	miǎn de	**lest**
我	wǒ	I
来	lái	come
咒诅	zhòu zǔ	curse
遍地	biàn dì	everywhere

She will **bear** (生) a son, and you shall call his name **Jesus** (耶稣), for he will save his people from their sins. (ESV)

生	shēng	(v) **give birth to**
耶稣	Yē sū	(n) **Jesus**

她将要生一个儿子。你要给他起名叫耶稣。因他要将自己的百姓从罪恶里救出来。

她 [100]	tā	she
(将要) 生	(jiāng yào) shēng	**give birth to**
(一个) 儿子	(yī gè) ér zi	son
你	nǐ	you
(要) 给	(yào) gěi	give
他	tā	him
(起名叫) 耶稣	(qǐ míng jiao) Yē sū	**Jesus**
(因) 他	(yīn) tā	he
(要将) 自己的	(yào jiāng) zì jǐ de	one's own
百姓	bǎi xìng	common people
(从) 罪恶 (里)	(cóng) zuì è (lǐ)	sin
救 (出来)	jiù (chū lái)	save

---

[100] Pronounced identically to all other third person singular pronouns (他, 它, 祂, and 牠) in modern Chinese, the specifically feminine form 她 is a focal point of linguistic research. See Xingtao Huang, *"'Ta' zi de wen hua shi: nü xing xin dai ci de fa ming yu ren tong yan jiu* (in Chinese) (Fuzhou: Fujian Educational Press, 2009).

DAY 188 · WEEK 27 · JUL 7 — MATTHEW 5:3 — 马太福音 5:3

Blessed are the **poor in spirit** (虚心), for theirs is the **kingdom of heaven** (天国). (ESV)

虚心	*xū xīn*	(adj) **humble**
天国	*tiān guó*	(n) **kingdom of heaven**

虚心的人有福了，因为天国是他们的。

虚心	*xū xīn*	**humble**
(的) 人	*(de) rén*	person
(有) 福 (了)	*(yǒu) fú (le)*	blessing
(因为) **天国**	*(yīn wèi) tiān guó*	**kingdom of heaven**
(是) 他们的	*(shì) tā men de*	their

Blessed are the **meek** (温柔), for they shall **inherit** (承受) the earth. (ESV)

| 温柔 | wēn róu | (adj) tender |
| 承受 | chéng shòu | (v) inherit |

温柔的人有福了，因为他们必承受地土。

温柔	wēn róu	**tender**
(的) 人	(*de*) rén	person
(有) 福 (了)	(*yǒu*) fú (*le*)	blessing
(因为) 他们	(*yīn wèi*) tā men	they
(必) 承受	(*bì*) chéng shòu	**inherit**
地土	dì tǔ	earth

DAY 190 • WEEK 28 • JUL 9 — MATTHEW 5:7 — 马太福音 5:7

Blessed are the **merciful** (怜恤), for they shall **receive** (蒙) mercy. (ESV)

| 怜恤 | lián xù | (v) show mercy |
| 蒙 | méng | (v) receive |

怜恤人的人有福了，因为他们必蒙怜恤。

怜恤	lián xù	**show mercy**
人	rén	person
(的) 人	(de) rén	person
(有) 福 (了)	(yǒu) fú (le)	blessing
(因为) 他们	(yīn wèi) tā men	they
(必) 蒙 [101]	(bì) méng	**receive**
怜恤	lián xù	**show mercy**

---

[101] The lexically passive use of 蒙 is a distinctive feature of Christian Chinese terminology that dates back at least to Schereschewsky's Mandarin Old Testament (施约瑟浅文理译本) in 1874. See for example the 蒙恩 expression within his translation of Ruth 2:10: 如何竟蒙尔恩 (和合本: 怎么蒙你的恩). Mak notes Schereschewsky's use of 蒙 in George Kam Wah Mak, *Protestant Bible Translation and Mandarin as the National Language of China*, Sinica Leidensia 131 (Boston: Brill, 2017), 268. Hong examines the "蒙 construction" as a feature of Chinese Bible translation in Cheng Ha Hong, "A Corpus-Based Study of Contemporary Chinese Translation of the Verbal System in Biblical Hebrew Prose: With Special Reference to Genesis 37–50 (Ph.D. diss., The University of Sydney, 2024), 95–99. Regarding 蒙恩, Hong writes that "1) the recipient is in a lowly position; 2) the recipient is granted some generous or undeserving blessing; 3) the recipient receives the blessing with humility." See Hong, 97.

马太福音 5:9 — MATTHEW 5:9 — JUL 10 • WEEK 28 • DAY 191

Blessed are the **peacemakers** (和睦), for they shall be called **sons** (儿子) of God. (ESV)

| 和睦 | *hé mù* | (adj) peaceful |
| 儿子 | *ér zi* | (n) son |

使人**和睦**的人有福了，因为他们必称为神的**儿子**。

(使) 人	(*shǐ*) *rén*	person
和睦	*hé mù*	**peaceful**
(的) 人	(*de*) *rén*	person
(有) 福 (了)	(*yǒu*) *fú* (*le*)	blessing
(因为) 他们	(*yīn wèi*) *tā men*	they
(必) 称为	(*bì*) *chēng wéi*	be called
神	*shén*	God
(的) **儿子**	(*de*) *ér zi*	**son**

DAY 192 • WEEK 28 • JUL 11 — MATTHEW 5:13a — 马太福音 5:13a

You are the **salt** (盐) of the earth, but if **salt** (盐) has lost its **taste** (味), how shall its saltiness be restored? (ESV)

| 盐 | yán | (n) **salt** |
| 味 | wèi | (n) **taste** |

你们是世上的盐。盐若失了味，怎能叫他再咸呢？

你们	nǐ men	you (plural)
(是) 世 (上)	(shì) shì (shàng)	earth
(的) 盐	(de) yán	**salt**
盐	yán	**salt**
(若) 失 (了)	(ruò) shī (le)	lose
味	wèi	**taste**
(怎能叫) 他	(zěn néng jiào) tā	he
再	zài	again
咸 (呢)	xián (ne)	salty

马太福音 5:24 — MATTHEW 5:24 — JUL 12 • WEEK 28 • DAY 193

... leave your **gift** (礼物) there before the altar and go. First **be reconciled** (和好) to your brother, and then come and offer your **gift** (礼物). (ESV)

| 礼物 | lǐ wù | (n) **gift** |
| 和好 | hé hǎo | (v) **be reconciled** |

就把**礼物**留在坛前，先去同弟兄**和好**，然后来献**礼物**。

(就把) **礼物**	(jiù bǎ) lǐ wù	**gift**
留	liú	leave
(在) 坛 (前)	(zài) tán (qián)	altar
先	xiān	first
去	qù	go
(同) 弟兄	(tóng) dì xiong	brother
和好	hé hǎo	**be reconciled**
(然后) 来	(rán hòu) lái	come
献 {献上}	xiàn	offer
礼物	lǐ wù	**gift**

DAY 194 • WEEK 28 • JUL 13 MATTHEW 6:5b 马太福音6:5b

… you must not be like the hypocrites. For they love to stand and pray in the synagogues and at the **street corners** (十字路口), that they may be seen by others. (ESV)

| 十字路口 | *shí zì lù kǒu* | (n) **intersection** |
| 故意 | *gù yì* | (adv) **deliberately** |

……不可像那假冒为善的人，爱站在会堂里和十字路口上祷告，故意叫人看见。

(不可像那) 假冒	(*bù kě xiàng nà*) *jiǎ mào*	impersonate
(为) 善	(*wéi*) *shàn*	good
(的) 人	(*de*) *rén*	person
爱	*ài*	love
站	*zhàn*	stand
(在) 会堂 (里)	*huì táng*	synagogue
(和) 十字路口 (上)	(*hé*) *shí zì lù kǒu* (*shàng*)	**intersection**
祷告	*dǎo gào*	pray
故意 [102]	*gù yì*	**deliberately**
(叫) 人	(*jiào*) *rén*	person
看见	*kàn jiàn*	see

---

[102] 故意 expresses that one **deliberately** takes an action with a negative connotation, while 有意 does not carry this limitation. See Xingjian Zhou, Huibang Yu, and Xingfa Yang, eds., *Xian dai Han yu gui fan yong fa da ci dian* (in Chinese) (Beijing: Xue Yuan Publishing, 1997), 384.

... and forgive us our **debts** (债), **as** (如同) we also have forgiven our debtors. (ESV)

| 债 | zhài | (n) **debt** |
| 如同 | rú tóng | (conj) **just as** |

免我们的**债**，**如同**我们免了人的**债**。

免 {赦免}	miǎn	forgive
我们的	wǒ men de	our
债	**zhài**	**debt**
如同	**rú tóng**	**just as**
我们	wǒ men	we
免 (了)[103]	miǎn (le)	forgive
人	rén	person
(的) **债**	(de) **zhài**	**debt**

---

[103] The expected pronunciation of 了 as an aspect marker is *le*. However, when Christians recite or sing the 主祷文 (the Lord's Prayer), of which Matt 6:12 is a part, it is possible that they may instead use the pronunciation *liǎo* for formality. See Xingjian Zhou, Huibang Yu, and Xingfa Yang, eds., *Xian dai Han yu gui fan yong fa da ci dian* (in Chinese) (Beijing: Xue Yuan Publishing, 1997), 671, 691.

DAY 196 • WEEK 28 • JUL 15 — MATTHEW 7:6 — 马太福音 7:6

Do not give **dogs** (狗) what is holy, and do not throw your pearls before **pigs** (猪), lest they trample them underfoot and turn to attack you. (ESV)

| 狗 | gǒu | (n) dog |
| 猪 | zhū | (n) pig |

不要把圣物给狗，也不要把你们的珍珠丢在猪前，恐怕它践踏了珍珠，转过来咬你们。

(不要把) 圣物	(bù yào bǎ) shèng wù	holy thing
(给) 狗	(gěi) gǒu	**dog**
(也不要把) 你们的	(yě bù yào bǎ) nǐ men de	your
珍珠	zhēn zhū	pearl
丢	diū	throw
(在) 猪 (前)	(zài) zhū (qián)	**pig**
恐怕	kǒng pà	fear
它	tā	it
践踏 (了)	jiàn tà (le)	trample
珍珠	zhēn zhū	pearl
转 (过来)	zhuǎn (guò lái)	turn
咬	yǎo	bite
你们	nǐ men	you (plural)

马太福音 8:3   MATTHEW 8:3   JUL 16 • WEEK 29 • **DAY 197**

And Jesus stretched out his hand and **touched** (摸) him, saying, "I will; be clean." And immediately his **leprosy** (麻疯) was cleansed. (ESV)

| 摸 | mō | (v) touch |
| 麻疯 | má fēng | (n) leprosy |

耶稣伸手摸他说:"我肯,你洁净了吧!"他的大麻疯立刻就洁净了。

耶稣	Yē sū	Jesus
伸手	shēn shǒu	stretch out one's hand
摸	mō	**touch**
他	tā	he
说	shuō	say
我	wǒ	I
肯	kěn	willing
你	nǐ	you
洁净 (了吧)	jié jìng (le ba)	clean
他的	tā de	his
大**麻疯**	dà má fēng	**leprosy**
立刻	lì kè	immediately
(就) 洁净 (了)	(jiù) jié jìng (le)	clean

And getting into a **boat** (船) he **crossed over** (渡过) and came to his own city. (ESV)

船	chuán	(n) boat
渡过	dù guò	(v) cross over

耶稣上了船，渡过海，来到自己的城里。

耶稣	Yē sū	Jesus
上 (了)	shàng (le)	get on
船 [104]	chuán	**boat**
渡过	dù guò	**cross over**
海	hǎi	sea
来 (到)	lái (dào)	come
自己的	zì jǐ de	one's own
城 (里)	chéng (lǐ)	city

---

[104] Christian learners of Chinese may have encountered folk etymologies claiming that some Chinese characters depict ancient Bible stories. The proposed folk etymology for 船 is particularly well known and is as follows. On the left side of the character is 舟 zhōu "boat," and on the right side are 八 bā "eight" and 口 kǒu "mouth." According to Kang and Nelson, the Chinese character for "boat" thus preserves memory of Noah's ark: a boat that housed eight people. See C. H. Kang and Ethel R. Nelson, *The Discovery of Genesis: How the Truths of Genesis Were Found Hidden in the Chinese Language* (St. Louis: Concordia, 1979), 95. This is an incorrect analysis of 船. Its semantic element is 舟 as in 方舟 fāng zhōu "ark" (see Genesis 6:14 and other passages). Its phonetic element is the archaic character 㕣 yǎn, which helps cue the pronunciation chuán for 船, and the meaning of 㕣 ("marshy land among mountains") does not have anything to do with eight mouths or eight people. For analysis of 船 see Zhifang Ren, *A Handbook for Analyzing Chinese Characters* (Fremont, CA; Jain, 2008), 85. For the meaning of 㕣 see Shen Xu, *Shuo wen jie zi jin shi* (in Chinese), 2 vols., rev. ed. (Changsha: Yuelu Publishing House, 2001), 1:211–212.

马太福音 9:27 — MATTHEW 9:27 — JUL 18 • WEEK 29 • DAY 199

And as Jesus passed on from there, two **blind men** (瞎子) followed him, **crying aloud** (喊叫), "Have mercy on us, Son of David." (ESV)

| 瞎子 | xiā zi | (n) blind person |
| 喊叫 | hǎn jiào | (v) shout |

耶稣从那里往前走，有两个瞎子跟着他，喊叫说："大卫的子孙，可怜我们吧！"

耶稣	*Yē sū*	Jesus
(从那里往前) 走	*(cóng nà lǐ wǎng qián) zǒu*	go
(有) 两	*(yǒu) liǎng*	two
(个) **瞎子**	*(gè) xiā zi*	**blind person**
跟 (着)	*gēn (zhe)*	follow
他	*tā*	he
喊叫	*hǎn jiào*	**shout**
说	*shuō*	say
大卫	*Dà wèi*	David
(的) 子孙	*(de) zǐ sūn*	offspring
可怜	*kě lián*	have pity on
我们 (吧)	*wǒ men (ba)*	we

DAY 200 · WEEK 29 · JUL 19 — MATTHEW 11:29 — 马太福音 11:29

Take (负) my **yoke** (轭) upon you, and learn from me, for I am gentle and lowly in heart … (ESV)

负	fù	(v) **carry on the back**
轭	è	(n) **yoke**

我心里柔和谦卑，你们当**负**我的**轭**，学我的样式……

我	wǒ	I
心 (里)	xīn (lǐ)	heart
柔和	róu hé	gentle
谦卑	qiān bēi	humble
你们	nǐ men	you (plural)
(当) **负**	(dāng) fù	**carry on the back**
我的	wǒ de	my
轭	è	**yoke**
学	xué	study
我的	wǒ de	my
样式	yàng shì	example

马太福音 12:1 — MATTHEW 12:1

At that time Jesus went through the grainfields on the **Sabbath** (安息日). His disciples were hungry, and they began to pluck **heads of grain** (麦穗) and to eat. (ESV)

| 安息日 | ān xī rì | (n) Sabbath day |
| 麦穗 | mài suì | (n) ear of wheat |

那时，耶稣在安息日，从麦地经过。他的门徒饿了，就掐起麦穗来吃。

(那) 时	(nà) shí	time
耶稣	Yē sū	Jesus
(在) **安息日**	(zài) ān xī rì	**Sabbath day**
(从) 麦地	(cóng) mài dì	grainfield
经过	jīng guò	go through
他的	tā de	his
门徒	mén tú	disciple
饿 (了)	è (le)	hungry
(就) 掐 (起)	(jiù) qiā (qǐ)	pick
麦穗	mài suì	**ear of wheat**
(来)[105] 吃	(lái) chī	eat

---

[105] This is the purposive use of 来, indicating that the disciples picked the wheat "in order to" eat it. See Yip Po-Ching and Dom Rimmington, *Chinese: A Comprehensive Grammar*, 2nd ed. (New York: Routledge, 2016), 266–267.

DAY 202 • WEEK 29 • JUL 21 — MATTHEW 18:20 — 马太福音 18:20

For where two or three are **gathered** (聚会) **in** (奉) my name, there am I among them. (ESV)

| 奉 | *fēng* | (v) **respectfully offer** |
| 聚会 | *jù huì* | (v) **gather** |

因为无论在哪里，有两三个人奉我的名聚会，那里就有我在他们中间。

(因为) 无论	(yīn wèi) wú lùn	no matter
(在) 哪里	(zài) nǎ lǐ	wherever
(有) 两三	(yǒu) liǎng sān	two or three
(个) 人	(gè) rén	person
奉	*fēng*	**respectfully offer**
我的	wǒ de	my
名	míng	name
聚会	*jù huì*	**gather**
那里	nà lǐ	there
(就有) 我	(jiù yǒu) wǒ	I
(在) 他们	(zài) tā men	they
中间	zhōng jiān	in the midst

马太福音 28:19　　MATTHEW 28:19　　JUL 22 • WEEK 29 • DAY 203

Go therefore and make **disciples** (门徒) of all nations, **baptizing** (施洗) them in the name of the Father and of the Son and of the Holy Spirit … (ESV)

门徒	*mén tú*	(n) **disciple**
施洗	*shī xǐ*	(v) **baptize**

所以你们要去，使万民作我的门徒，奉父子圣灵的名，给他们施洗。

(所以) 你们	(*suǒ yǐ*) *nǐ men*	you (plural)
(要) 去	(*yào*) *qù*	go
(使) 万民	(*shǐ*) *wàn mín*	all peoples
(作) 我的	(*zuò*) *wǒ de*	my
门徒	*mén tú*	**disciple**
奉	*fèng*	respectfully offer
父子圣灵	*fù zǐ shèng líng*	Father, Son, and Holy Spirit
(的) 名	(*de*) *míng*	name
(给) 他们	(*gěi*) *tā men*	they
施洗 [106]	*shī xǐ*	**baptize**

---

[106] 施洗 means "perform washing." Yet the underlying Biblical Greek βαπτ- word group instead denotes immersing (See ancient Greek lexicons such as BDAG). Hence editions of the 和合本 from Baptist presses replace 洗 with the literal translation 浸 "immerse." See Jost Oliver Zetzsche, *The Bible in China: The History of the Union Version* (Sankt Augustin: Monumenta Serica Institute, 1999), 54–56. Nestorians brought the concept of baptism to China in the seventh century. 《序听迷诗所经》 *Sutra of Hearing the Messiah* describes Jesus's baptism as 入汤 "entering water," 洗 "washing," and 出水 "exiting from water." Yet 入汤 is the document's summary term for baptism, not 洗. See P. Y. Saeki, *The Nestorian Documents and Relics in China* (Tokyo: Maruzen, 1951), appendix pp. 25–26.

... he saw Simon and Andrew the brother of Simon casting a **net** (网) into the sea, for they were fishermen. (ESV)

| 网 | wǎng | (n) **net** |
| 鱼 | yú | (n) **fish** |

……看见西门，和西门的兄弟安得烈，在海里撒网。他们本是打鱼的。

看见	kàn jiàn	see
西门	Xī mén	Simon
(和) 西门	(hé) Xī mén	Simon
(的) 兄弟	(de) xiōng dì	brother
安得烈	Ān dé liè	Andrew
(在) 海 (里)	(zài) hǎi (lǐ)	sea
撒	sā	cast
网	wǎng	**net**
他们	tā men	they
(本是) 打 [107]	(běn shì) dǎ	catch
鱼 (的)	yú (de)	**fish**

---

[107] The verb 打 "hit" appears in a wide range of set expressions, including 打鱼. These set expressions require a correspondingly wide range of verbal translations for 打 in English, such as "catch" when "fish" is the object. See Yip Po-Ching and Don Rimmington, *Chinese: A Comprehensive Grammar*, 2nd ed. (New York: Routledge, 2016), 122.

马可福音 8:34b

If anyone would come after me, let him **deny himself** (舍己) and **take up** (背) his cross and follow me. (ESV)

| 舍己 | shě jǐ | (v) **sacrifice oneself** |
| 背 | bēi | (v) **carry** on the back |

若有人要跟从我，就当舍己，背起他的十字架来跟从我。

(若有) 人	(ruò yǒu) rén	person
(要) 跟从	(yào) gēn cóng	follow
我	wǒ	I
(就当) 舍己	(jiù dāng) shě jǐ	**sacrifice oneself**
背 (起)	bēi (qǐ)	**carry** on the back
他的	tā de	his
十字架	shí zì jià	cross
(来) 跟从	(lái) gēn cóng	follow
我	wǒ	I

DAY 206 • WEEK 30 • JUL 25   MARK 10:4   马可福音 10:4

They said, "Moses allowed a man to write a **certificate of divorce** (休书) and to **send her away** (休妻)." (ESV)

| 休书 | xiū shū | (n) certificate of divorce |
| 休妻 | xiū qī | (n) repudiate one's wife |

他们说:"摩西许人写了休书便可以休妻。"

他们	tā men	they
说	shuō	say
摩西	Mó xī	Moses
许	xǔ	allow
人	rén	person
写 (了)	xiě (le)	write
休书	*xiū shū*	**certificate of divorce**
(便可以) **休妻**	(*biàn kě yǐ*) *xiū qī*	**repudiate one's wife**

For even the Son of Man came not to be served but to serve, **and** (并且) to give his life as a **ransom** (赎价) for many. (ESV)

| 并且 | bìng qiě | (conj) **and** |
| 赎价 | shú jià | (n) **ransom** |

因为人子来，并不是要受人的服事，乃是要服事人，**并且**要舍命，作多人的**赎价**。

(因为) 人子	(yīn wèi) rén zǐ	Son of Man
来	lái	come
(并不 [108] 是要) 受	(bìng bù shì yào) shòu	receive
人	rén	person
(的) 服事	(de) fú shì	serve
(乃是要) 服事	(nǎi shì yào) fú shì	serve
人	rén	person
并且 [109]	bìng qiě	**and**
(要) 舍命	(yào) shě mìng	give one's life
(作) 多	(zuò) duō	many
人	rén	person
(的) **赎价**	(de) shú jià	**ransom**

---

[108] 并不 is a set expression for "absolutely not." See Claudia Ross et al., *Modern Mandarin Chinese Grammar: A Practical Guide*, 3rd ed. (New York: Routledge, 2024), 179.

[109] 并且 and the single character 并 connect verbs or verb phrases. See Yizhou Chen, *Fu ci, jie ci, lian ci* (in Chinese) (Shanghai: New Knowledge Publishing, 1957), 66.

DAY 208 • WEEK 30 • JUL 27 — MARK 11:21 — 马可福音 11:21

And Peter remembered and said to him, "**Rabbi** (拉比), look! The **fig** (无花果) tree that you cursed has withered." (ESV)

| 拉比 | *lā bǐ* | (n) **rabbi** |
| 无花果 | *wú huā guǒ* | (n) **fig** |

彼得想起耶稣的话来，就对他说："拉比，请看！你所咒诅的无花果树，已经枯干了。"

彼得	*Bǐ dé*	Peter
想起	*xiǎng qǐ*	remember
耶稣	*Yē sū*	Jesus
(的) 话 (来)	*(de) huà (lái)*	word
(就对) 他	*(jiù duì) tā*	he
说	*shuō*	say
拉比	*lā bǐ*	**rabbi**
(请) 看	*(qǐng) kàn*	look
你	*nǐ*	you
(所) 咒诅 (的)	*(suǒ) zhòu zǔ (de)*	curse
无花果	*wú huā guǒ*	**fig**
树	*shù*	tree
已经	*yǐ jīng*	already
枯干 (了)	*kū gān (le)*	withered

路加福音 1:50　　LUKE 1:50　　JUL 28 • WEEK 30 • **DAY 209**

And his mercy is for those who **fear** (敬畏) him from **generation to generation** (世代). (ESV)

| 敬畏 | jìng wèi | (v) revere |
| 世代 | shì dài | (n) generation |

他怜悯**敬畏**他的人，直到**世世代代**。

他	tā	he
怜悯	lián mǐn	mercy
敬畏	**jìng wèi**	**revere**
他	tā	he
(的)人	(de) rén	person
直到	zhí dào	until
世世代代 [110]	**shì shì dài dài**	**all generations**

---

[110] See discussion of reduplication of 世代 on Day 10.

For unto you is born this day in the city of David a **Savior** (救主), who is **Christ** (基督) the Lord. (ESV)

救主	*jiù zhǔ*	(n) savior
基督	*Jī dū*	(n) Christ

因今天在大卫的城里，为你们生了救主，就是主基督。

(因) 今天	(*yīn*) *jīn tiān*	today
(在) 大卫	(*zài*) *Dà wèi*	David
(的) 城 (里)	(*de*) *chéng* (*lǐ*)	city
(为) 你们	(*wèi*) *nǐ men*	you (plural)
生 (了)	*shēng* (*le*)	be born
救主	*Jiù zhǔ*	**savior**
(就是) 主	(*jiù shì*) *Zhǔ*	Lord
基督	*Jī dū*	**Christ**

路加福音 3:23a / LUKE 3:23a

Jesus, when he began his ministry, was about thirty years of **age** (年纪), being the son (as was supposed) of Joseph ... (ESV)

| 传道 | chuán dào | (v) **preach** |
| 年纪 | nián jì | (n) **age** |

耶稣开头**传道**，**年纪**约有三十岁。依人看来，他是约瑟的儿子……

耶稣	Yē sū	Jesus
开头	kāi tóu	begin
传道	chuán dào	**preach**
年纪	nián jì	**age**
约	yuē	about
(有) 三十岁	(yǒu) sān shí suì	thirty years old
依	yī	according to
人	rén	person
看来	kàn lái	apparently
他	tā	he
(是) 约瑟	(shì) Yuē sè	Joseph
(的) 儿子	(de) ér zi	son

DAY 212 · WEEK 31 · JUL 31   LUKE 5:12b   路加福音 5:12b

And when he saw Jesus, he **fell on his face** (**俯伏**) and begged him, "Lord, if you will, you can **make** me **clean** (**洁净**)." (ESV)

| 俯伏 | *fǔ fú* | (v) **lie prostate** |
| 洁净 | *jié jìng* | (v) **clean** |

……看见他就**俯伏**在地，求他说，主若肯，必能叫我**洁净**了。

看见	*kàn jiàn*	see
他	*tā*	he
(就) **俯伏**	*(jiù) fǔ fú*	**lie prostate**
(在) 地	*(zài) dì*	ground
求	*qiú*	beg
他	*tā*	he
说	*shuō*	say
主	*Zhǔ*	Lord
(若) 肯	*(ruò) kěn*	willing
(必能叫) 我	*(bì néng jiào) wǒ*	I
洁净 (了)	*jié jìng (le)*	**clean**

路加福音 7:37 — LUKE 7:37 — AUG 1 • WEEK 31 • DAY 213

Meanwhile, a woman from the city, a **sinner** (罪人), discovered that Jesus was **dining** (坐席) in the Pharisee's house. She brought perfumed oil in a vase made of alabaster. (CEB)

| 罪人 | zuì rén | (n) **sinner** |
| 坐席 | zuò xí | (v) **sit at a banquet** |

那城里有一个女人，是个罪人。知道耶稣在法利赛人家里坐席，就拿着盛香膏的玉瓶……

(那) 城 (里)	(nà) chéng (lǐ)	city
(有一个) 女人	(yǒu yī gè) nǚ rén	woman
(是个) 罪人	(shì gè) zuì rén	**sinner**
知道	zhī dào	know
耶稣	Yē sū	Jesus
(在) 法利赛人	(zài) Fǎ lì sài rén	Pharisee
家 (里)	jiā (lǐ)	house
坐席	zuò xí	**sit at a banquet**
(就) 拿 (着)	(jiù) ná (zhe)	hold
盛	chéng	contain
香膏	xiāng gāo	perfumed oil
(的) 玉瓶	(de) yù píng	jade bottle

DAY 214 • WEEK 31 • AUG 2   LUKE 11:13   路加福音 11:13

If you then, who are evil, know how to give good gifts to your children, how much more will the **heavenly Father** (天父) give the **Holy Spirit** (圣灵) to those who ask him! (ESV)

| 天父 | *tiān fù* | (n) heavenly Father |
| 圣灵 | *shèng líng* | (n) Holy Spirit |

你们虽然不好，尚且知道拿好东西给儿女。何况**天父**，岂不更将**圣灵**给求他的人吗？

你们	*nǐ men*	you (plural)
(虽然) 不好	*(suī rán) bù hǎo*	not good
(尚且) 知道	*(shàng qiě) zhī dào*	know
拿	*ná*	hold
好	*hǎo*	good
东西	*dōng xi*	thing
给	*gěi*	give
儿女	*ér nǚ*	children
何况	*hé kuàng*	how much more
天父	*tiān fù*	**heavenly Father**
(岂不更将) **圣灵**	*(qǐ bù gèng jiāng) shèng líng*	**Holy Spirit**
给	*gěi*	give
(求) 他	*(qiú) tā*	he
(的) 人 (吗)	*(de) rén (ma)*	person

路加福音 12:32　　LUKE 12:32　　AUG 3 • WEEK 31 • **DAY 215**

Fear not, little **flock** (**群**), for it is your Father's good pleasure to **give** (**赐给**) you the kingdom. (ESV)

群	*qún*	(n) **flock**
赐给	*cì gěi*	(v) **give**

你们这小**群**，不要惧怕，因为你们的父，乐意把国**赐给**你们。

你们	*nǐ men*	you (plural)
(这) 小**群**	*(zhè) xiǎo qún*	little **flock**
(不要) 惧怕	*(bù yào) jù pà*	fear
(因为) 你们	*(yīn wèi) nǐ men*	you (plural)
(的) 父	*(de) fù*	father
乐意	*lè yì*	happy to do something
(把) 国	*(bǎ) guó*	kingdom
赐给	*cì gěi*	**give**
你们	*nǐ men*	you (plural)

DAY 216 • WEEK 31 • AUG 4 — LUKE 15:7b — 路加福音 15:7b

… there will be more **joy** (欢喜) in heaven over one sinner who repents than over ninety-nine righteous persons who need no repentance. (ESV)

欢喜	huān xǐ	(v) be joyous
较比	jiào bǐ	(adv) comparatively

……一个罪人悔改，在天上也要这样为他**欢喜**，**较比**为九十九个不用悔改的义人，**欢喜**更大。

(一个) 罪人	(yī gè) zuì rén	sinner
悔改	huǐ gǎi	repent
(在) 天 (上)	(zài) tiān (shàng)	heaven
(也要) 这样	(yě yào) zhè yàng	like this
(为) 他	(wèi) tā	he
欢喜	huān xǐ	**be joyous**
较比	jiào bǐ	**comparatively**
(为) 九十九	(wèi) jiǔ shí jiǔ	ninety-nine
(个) 不用	(gè) bù yòng	no need
悔改	huǐ gǎi	repent
(的) 义人	(de) yì rén	righteous person
欢喜	huān xǐ	**be joyous**
更大	gèng dà	greater

路加福音 17:2 — LUKE 17:2 — AUG 5 • WEEK 31 • DAY 217

It would be better for him to be thrown into the sea with a **millstone** (**磨石**) tied round his **neck** (**颈项**) than for him to cause one of these little ones to sin. (NIV 1984)

| 磨石 | mó shí | (n) **millstone** |
| 颈项 | jǐng xiàng | (n) **neck** |

就是把**磨石**拴在这人的**颈项**上，丢在海里，还强如他把这小子里的一个绊倒了。

(就是把) **磨石**	(jiù shì bǎ) mó shí	**millstone**
拴	shuān	tie
(在这) 人	(zài zhè) rén	person
(的) **颈项** (上)	(de) jǐng xiàng (shàng)	**neck**
丢	diū	throw
(在) 海 (里)	(zài) hǎi (lǐ)	sea
(还) 强如	(hái) qiáng rú	better than
他	tā	he
(把这) 小子 (里)	(bǎ zhè) xiǎo zi (lǐ)	little one
(的) 一个	(de) yī gè	one
绊倒 (了)	bàn dǎo (le)	stumble

DAY 218 • WEEK 32 • AUG 6 — JOHN 1:1 — 约翰福音 1:1

In the beginning (太初) was the **Word** (道), and the **Word** (道) was with God, and the **Word** (道) was God. (ESV)

| 太初 | tài chū | (n) the absolute beginning |
| 道 | dào | (n) way |

太初有道，道与神同在，道就是神。

太初	tài chū	the absolute beginning
(有) 道 [111]	(yǒu) dào	way
道	dào	way
(与) 神	(yǔ) shén	God
同在	tóng zài	together with
道	dào	way
(就是) 神	(jiù shì) shén	God

---

[111] 道 is a word freighted with depth of meaning in Chinese culture, hence the name of Chinese traditional religion: Taoism. While most Bible translations employ 道 to render the Greek λόγος, the Catholic 思高 translation instead uses 圣言. See Damiano Bondi and John Zhao, "In the Beginning Was the Tao: Interreligious Paths Based on a Chinese Translation of John 1:1," *Religions* 16 (2025): 218. https://doi.org/10.3390/rel16020218. Lewis draws upon "the *Tao*" as a means of thinking about that which people of all cultures consider to be objectively true. See C. S. Lewis, *The Abolition of Man* (New York: Macmillan, 1953), 11–13, 51–61.

约翰福音 1:12 — JOHN 1:12 — AUG 7 • WEEK 32 • DAY 219

But to all who did **receive** (**接待**) him, who believed in his name, he gave the **right** (**权柄**) to become children of God … (ESV)

| 接待 | *jiē dài* | (v) **receive** |
| 权柄 | *quán bǐng* | (n) **authority** |

凡**接待**他的，就是信他名的人，他就赐他们**权柄**，作神的儿女。

凡	*fán*	all
接待	*jiē dài*	**receive**
他 (的)	*tā (de)*	he
(就是) 信	*(jiù shì) xìn*	believe
他	*tā*	he
名	*míng*	name
(的) 人	*(de) rén*	person
他	*tā*	he
(就) 赐	*(jiù) cì*	give
他们	*tā men*	they
权柄	*quán bǐng*	**authority**
(作) 神	*(zuò) shén*	God
(的) 儿女	*(de) ér nǚ*	children

DAY 220 • WEEK 32 • AUG 8   JOHN 3:3   约翰福音 3:3

Jesus answered him, "**Truly, truly,** (实在) I say to you, unless one **is born again** (重生) he cannot see the kingdom of God." (ESV)

| 实在 | *shí zài* | (adv) **truly** |
| 重生 | *chóng shēng* | (v) **be born again** |

耶稣回答说:"我**实实在在**地告诉你:人若不**重生**,就不能见神的国。"

耶稣	*Yē sū*	Jesus
回答	*huí dá*	answer
说	*shuō*	say
我	*wǒ*	I
实实在在 (地)	*shí shí zài zài* (*de*)	**truly**
告诉	*gào sù*	say
你	*nǐ*	you
人	*rén*	person
(若不) **重生**	(*ruò bù*) *chóng shēng*	**be born again**
(就不能) 见	(*jiù bù néng*) *jiàn*	see
神	*shén*	God
(的) 国	(*de*) *guó*	kingdom

约翰福音 3:16 — JOHN 3:16 — AUG 9 • WEEK 32 • DAY 221

For God so loved the world, **that** (**甚至**) he gave his **only Son** (**独生子**), that whoever believes in him should not perish but have eternal life. (ESV)

| 甚至 | *shèn zhì* | (adv) so much that |
| 独生子 | *dú shēng zǐ* | (n) only son |

神爱世人，**甚至**将他的**独生子**赐给他们，叫一切信他的，不至灭亡，反得永生。

神	*shén*	God
爱	*ài*	love
世人	*shì rén*	people of the world
甚至	*shèn zhì*	**so much that**
(将) 他的	*(jiāng) tā de*	his
独生子	*dú shēng zǐ*	**only son**
赐给	*cì gěi*	give
他们	*tā men*	they
(叫) 一切	*(jiào) yī qiè*	all
信	*xìn*	believe
他 (的)	*tā (de)*	he
(不至) 灭亡	*(bù zhì) miè wáng*	perish
(反) 得	*(fǎn) dé*	receive
永生	*yǒng shēng*	eternal life

DAY 222 • WEEK 32 • AUG 10 — JOHN 4:11 — 约翰福音 4:11

The woman said to him, "Sir, you have nothing to draw water with, and the **well** (井) is deep. Where do you get that **living water** (活水)?" (ESV)

| 井 | jǐng | (n) well |
| 活水 | huó shuǐ | (n) living water |

妇人说："先生，没有打水的器具，井又深，你从哪里得活水呢？"

妇人	fù rén	married woman
说	shuō	say
先生	xiān shēng	sir
(没有) 打水	(méi yǒu) dǎ shuǐ	draw water
(的) 器具	(de) qì jù	equipment
井	jǐng	**well**
(又) 深	(yòu) shēn	deep
你	nǐ	you
(从) 哪里	(cóng) nǎ lǐ	where
得	dé	receive
活水 (呢)	huó shuǐ (ne)	**living water**

约翰福音 6:35　　JOHN 6:35　　AUG 11 • WEEK 32 • **DAY 223**

Jesus said to them, "I am the **bread** (**粮**) of life; whoever comes to me shall not hunger, and whoever believes in me shall never **thirst** (**渴**)." (ESV)

| 粮 | liáng | (n) **food** |
| 渴 | kě | (v) **thirst** |

耶稣说："我就是生命的**粮**，到我这里来的，必定不饿；信我的，永远不**渴**。"

耶稣	*Yē sū*	Jesus
说	*shuō*	say
我	*wǒ*	I
(就是) 生命	*(jiù shì) shēng mìng*	life
(的) **粮**	*(de) liáng*	**food**
(到) 我 (这里)	*(dào) wǒ (zhè lǐ)*	I
来 (的)	*lái (de)*	come
必定	*bì dìng*	be sure to
(不) 饿	*(bù) è*	hungry
信	*xìn*	believe
我 (的)	*wǒ (de)*	I
永远	*yǒng yuǎn*	forever
(不) **渴** {口渴}	*(bù) kě*	**thirst**

Again Jesus spoke to them, saying, "I am the light of the world. **Whoever** (众人) follows me will not walk in **darkness** (黑暗), but will have the light of life." (ESV)

| 众人 | zhòng rén | (n) everyone |
| 黑暗 | hēi àn | (n) darkness |

耶稣又对众人说:"我是世界的光。跟从我的,就不在黑暗里走,必要得着生命的光。"

耶稣	Yē sū	Jesus
(又对) 众人	(yòu duì) zhòng rén	**everyone**
说	shuō	say
我	wǒ	I
(是) 世界	(shì) shì jiè	world
(的) 光	(de) guāng	light
跟从	gēn cóng	follow
我 (的)	wǒ (de)	I
(就不在) 黑暗 (里)	(jiù bù zài) hēi àn (lǐ)	**darkness**
走	zǒu	walk
(必要) 得 (着)	(bì yào) dé (zháo)	receive
生命	shēng mìng	life
(的) 光	(de) guāng	light

约翰福音 10:10 — JOHN 10:10 — AUG 13 • WEEK 33 • DAY 225

The thief comes only to steal and **kill** (**杀害**) and destroy. I came that they may have life and have it **abundantly** (**丰盛**). (ESV)

| 杀害 | *shā hài* | (v) **kill** |
| 丰盛 | *fēng shèng* | (adj) **abundant** |

盗贼来，无非要偷窃、**杀害**、毁坏；我来了，是要叫羊得生命，并且得的更**丰盛**。

盗贼	*dào zéi*	thief
来	*lái*	come
无非	*wú fēi*	only
(要) 偷窃	*(yào) tōu qiè*	steal
杀害	*shā hài*	**kill**
毁坏	*huǐ huài*	destroy
我	*wǒ*	I
来 (了)	*lái (le)*	come
(是要叫) 羊	*(shì yào jiào) yáng*	sheep
得	*dé*	receive
生命	*shēng mìng*	life
(并且) 得 (的)	*(bìng qiě) dé (de)*	receive
更	*gèng*	more
丰盛	*fēng shèng*	**abundant**

DAY 226 · WEEK 33 · AUG 14 — JOHN 10:11 — 约翰福音 10:11

I am the good **shepherd** (牧人). The good shepherd **lays down his life** (舍命) for the sheep. (ESV)

| 牧人 | mù rén | (n) shepherd |
| 舍命 | shě mìng | (n) sacrifice one's life |

我是好**牧人**，好**牧人**为羊**舍命**。

我	wǒ	I
(是) 好	(shì) hǎo	good
牧人	mù rén	**shepherd**
好	hǎo	good
牧人	mù rén	**shepherd**
(为) 羊	(wèi) yáng	sheep
舍命	shě mìng	**sacrifice one's life**

Jesus said to her, "I am the **resurrection** (复活) and the **life** (生命). Whoever believes in me, though he die, yet shall he live …" (ESV)

复活	fù huó	(n) **resurrection**
生命	shēng mìng	(n) **life**

耶稣对她说："复活在我，生命也在我；信我的人，虽然死了，也必复活。"

耶稣	Yē sū	Jesus
(对) 她	(duì) tā	she
说	shuō	say
复活	**fù huó**	**resurrection**
(在) 我	(zài) wǒ	I
生命	**shēng mìng**	**life**
(也在) 我	(yě zài) wǒ	I
信	xìn	believe
我	wǒ	I
(的) 人	(de) rén	person
(虽然) 死 (了)	(suī rán) sǐ (le)	die
(也必) **复活**	(yě bì) **fù huó**	**resurrection**

DAY 228 • WEEK 33 • AUG 16   JOHN 12:5   约翰福音 12:5

"Why was this ointment not sold for three hundred **denarii** (**银子**) and given to the **poor** (**穷**)?" (ESV)

| 银子 | yín zi | (n) **silver coin** |
| 穷 | qióng | (n) **poor** |

说:"这香膏为什么不卖三十两**银子**周济**穷**人呢?"

说	shuō	say
(这) 香膏	(zhè) xiāng gāo	perfumed oil
为什么	wèi shén me	why
(不) 卖	(bù) mài	sell
三十	sān shí	thirty
两 [112]	liǎng	tael
银子	yín zi	**silver pieces**
周济	zhōu jì	alms
穷人 (呢)	qióng rén (ne)	**poor** person

---

[112] Here 两 is a rare measure word meaning "tael": an English term for "the trade name for the Chinese *liang* or 'ounce', a weight used in China and the East." For this definition and extensive background information on the word, see *The Oxford English Dictionary* (Oxford: Clarendon, 1971), s. v. "tael."

约翰福音 13:1 — JOHN 13:1 — AUG 17 • WEEK 33 • DAY 229

Now before the Feast of the **Passover** (逾越节), when Jesus knew that his hour had come to depart out of this world to the Father, having loved his own who were in the world … (ESV)

| 逾越节 | Yú yuè jié | (n) **Passover** |
| 既然 | jì rán | (conj) **since** |

逾越节以前，耶稣知道自己离世归父的时候到了。他**既然**爱世间属自己的人……

逾越节	*Yú yuè jié*	**Passover**
以前	*yǐ qián*	before
耶稣	*Yē sū*	Jesus
知道	*zhī dào*	know
自己	*zì jǐ*	oneself
(离) 世	*(lí) shì*	world
(归) 父	*(guī) fù*	Father
(的) 时候	*(de) shí hòu*	time
到 (了)	*dào (le)*	arrive
他	*tā*	he
(**既然**) 爱	*(jì rán) ài*	love
世间	*shì jiān*	world
(属) 自己	*(shǔ) zì jǐ*	oneself
(的) 人	*(de) rén*	person

DAY 230 • WEEK 33 • AUG 18   JOHN 14:6   约翰福音 14:6

Jesus said to him, "I am the **way** (道路), and the truth, and the life. No one comes to the Father except **through** (藉着) me." (ESV)

| 道路 | *dào lù* | (n) **way** |
| 藉着 | *jiè zhe* | (prep) **by means of** |

耶稣说："我就是**道路**、真理、生命：若不**藉着**我，没有人能到父那里去。"

耶稣	*Yē sū*	Jesus
说	*shuō*	say
我	*wǒ*	I
(就是) 道路	*(jiù shì) dào lù*	**way**
真理	*zhēn lǐ*	truth
生命	*shēng mìng*	life
(若不) 藉着 [113]	*(ruò bù) jiè zhe*	**by means of**
我	*wǒ*	I
(没有) 人	*(méi yǒu) rén*	person
(能到) 父 (那里) [114]	*(néng dào) fù (nà lǐ)*	Father
去	*qù*	go

---

[113] 藉 and 借 are 异体字, meaning that they are characters of the same meaning but with variant forms. They are not exactly free variants, for tradition sets preference for one or the other character in various contexts. Accordingly, in Christian and Christian-adjacent literature, 藉着 is more common than 借着. See Bing Li and Li Wei, eds., *Jian hua zi fan ti zi yi ti zi bian xi zi dian* (in Chinese) (Chengdu: Sichuan People's Press, 1995), 250–251.

[114] In Chinese one goes (去) to a place, not a person (here, 父). Therefore, 那里 converts 父 to a place. See Wen-hua Teng, *The Accurate Use of Chinese: Practical Sentence Structures and Word Usage for English Speakers* (New York: Routledge, 2022), 251.

约翰福音 **14:15** JOHN 14:15 AUG 19 • WEEK 33 • **DAY 231**

If you love me, you will **keep** (**遵守**) my **commandments** (**命令**). (ESV)

| 遵守 | zūn shǒu | (v) **comply with** |
| 命令 | mìng lìng | (n) **commandment** |

你们若爱我，就必**遵守**我的**命令**。

你们	nǐ men	you (plural)
(若) 爱	(ruò) ài	love
我	wǒ	I
(就必) **遵守**	(jiù bì) zūn shǒu	**comply with**
我的	wǒ de	my
命令	mìng lìng	**commandment**

DAY 232 • WEEK 34 • AUG 20   JOHN 15:5a   约翰福音 15:5a

I am the **vine** (葡萄树); you are the **branches** (枝子). Whoever abides in me and I in him, he it is that bears much fruit … (ESV)

| 葡萄树 | pú táo shù | (n) **vine** |
| 枝子 | zhī zǐ | (n) **branch** |

我是**葡萄树**，你们是**枝子**；常在我里面的，我也常在他里面，这人就多结果子……

我	wǒ	I
(是) **葡萄树**	(shì) pú táo shù	**vine**
你们	nǐ men	you (plural)
(是) **枝子**	(shì) zhī zǐ	**branch**
常	cháng	always
(在) 我 (里面的)	(zài) wǒ (lǐ miàn de)	I
我	wǒ	I
(也) 常	(yě) cháng	always
(在) 他 (里面)	(zài) tā (lǐ miàn)	he
(这) 人	(zhè) rén	person
(就) 多	(jiù) duō	much
结	jié	produce
果子	guǒ zǐ	fruit

约翰福音 15:18 — JOHN 15:18 — AUG 21 • WEEK 34 • DAY 233

If the world **hates** (恨) you, know that it has **hated** (恨) me before it **hated** (恨) you. (ESV)

| 恨 | hèn | (v) **hate** |
| 已经 | yǐ jīng | (adv) **already** |

世人若恨你们，你们知道恨你们以先，已经恨我了。

世人	shì rén	people of the world
(若) 恨	(ruò) hèn	**hate**
你们	nǐ men	you (plural)
你们	nǐ men	you (plural)
知道	zhī dào	know
恨	hèn	**hate**
你们	nǐ men	you (plural)
以先	yǐ xiān	before
已经	yǐ jīng	**already**
恨	hèn	**hate**
我 (了)	wǒ (le)	I

DAY 234 • WEEK 34 • AUG 22 — JOHN 16:2 — 约翰福音 16:2

They will **put** you **out** (**赶出**) of the **synagogues** (**会堂**). Indeed, the hour is coming when whoever kills you will think he is offering service to God. (ESV)

| 赶出 | gǎn chū | (v) **drive out** |
| 会堂 | huì táng | (n) **synagogue** |

人要把你们**赶出会堂**，并且时候将到，凡杀你们的，就以为是事奉神。

人	rén	person
(要把) 你们	(yào bǎ) nǐ men	you (plural)
赶出	**gǎn chū**	**drive out**
会堂	**huì táng**	**synagogue**
(并且) 时候	(bìng qiě) shí hòu	time
(将) 到	(jiāng) dào	arrive
凡	fán	all
杀 {杀害}	shā	kill
你们 (的)	nǐ men (de)	you (plural)
(就) 以为	(jiù) yǐ wéi	mistakenly think
(是) 事奉	(shì) shì fèng	serve
神	shén	God

约翰福音 16:13 — JOHN 16:13 — AUG 23 • WEEK 34 • DAY 235

When the Spirit of truth comes, he will **guide** (引导) you into all the truth, for he will not speak on his own authority … (ESV)

| 引导 | yǐn dǎo | (v) **guide** |
| 明白 | míng bái | (v) **understand** |

只等真理的圣灵来了，他要**引导**你们**明白**一切的真理；因为他不是凭自己说的……

(只) 等	(zhǐ) děng	when
真理	zhēn lǐ	truth
(的) 圣灵	(de) shèng líng	Holy Spirit
来 (了)	lái (le)	come
他	tā	he
(要) **引导**	(yào) yǐn dǎo	**guide**
你们	nǐ men	you (plural)
明白	míng bái	**understand**
一切	yī qiè	all
(的) 真理	(de) zhēn lǐ	truth
(因为) 他	(yīn wèi) tā	he
(不是) 凭	(bù shì) píng	on the basis of
自己	zì jǐ	oneself
说 (的)	shuō (de)	say

But Mary stood weeping outside the **tomb** (坟墓), and as she wept she **stooped** (低头) to look into the **tomb** (坟墓). (ESV)

| 坟墓 | *fén mù* | (n) tomb |
| 低头 | *dī tóu* | (v) bow the head |

马利亚却站在坟墓外面哭。哭的时候，低头往坟墓里看……

马利亚	*Mǎ lì yà*	Mary
(却) 站	*(què) zhàn*	stand
(在) 坟墓	*(zài) fén mù*	**tomb**
外面	*wài miàn*	outside
哭	*kū*	cry
哭	*kū*	cry
的时候	*de shí hòu*	when
低头	*dī tóu*	**bow the head**
(往) 坟墓 (里)	*(wǎng) fén mù (lǐ)*	**tomb**
看	*kàn*	look

使徒行传 1:8b — ACTS 1:8b — AUG 25 • WEEK 34 • DAY 237

... you will be my **witnesses** (见证) in Jerusalem and in all Judea and Samaria, and to the **end of the earth** (地极). (ESV)

| 地极 | dì jí | (n) **end of the earth** |
| 见证 | jiàn zhèng | (n) **witness** |

并要在耶路撒冷，犹太全地，和撒玛利亚，直到**地极**，作我的**见证**。

(并要在) 耶路撒冷	(bìng yào zài) Yē lù sā lěng	Jerusalem
犹太	yóu tài	Judea
全地	quán dì	the whole land
(和) 撒玛利亚	(hé) Sā mǎ lì yà	Samaria
直到	zhí dào	until
地极	**dì jí**	**end of the earth**
(作) 我的	(zuò) wǒ de	my
见证	**jiàn zhèng**	**witness**

DAY 238 • WEEK 34 • AUG 26   ACTS 2:38a   使徒行传 2:38a

And Peter said to them, "**Repent** (悔改) and **be baptized** (受洗) every one of you in the name of Jesus Christ for the forgiveness of your sins …" (ESV)

| 悔改 | huǐ gǎi | (v) repent |
| 受洗 | shòu xǐ | (v) be baptized |

彼得说:"你们各人要**悔改**,奉耶稣基督的名**受洗**,叫你们的罪得赦……"

彼得	Bǐ dé	Peter
说	shuō	say
你们	nǐ men	you (plural)
各人	gè rén	everyone
(要) **悔改**	(yào) huǐ gǎi	**repent**
奉	fèng	respectfully offer
耶稣基督	Yē sū Jī dū	Jesus Christ
(的) 名	(de) míng	name
受洗	shòu xǐ	**be baptized**
(叫) 你们的	(jiào) nǐ men de	your (plural)
罪	zuì	sin
得赦	dé shè	receive forgiveness

使徒行传 4:4 — ACTS 4:4 — AUG 27 • WEEK 35 • **DAY 239**

But many of those who had heard the word believed, and the number of the **men** (**男丁**) came to **about** (**约**) five thousand. (ESV)

| 男丁 | *nán dīng* | (n) **adult male** |
| 约 | *yuē* | (adv) **about** |

但听道之人，有许多信的，**男丁**数目，**约**到五千。

(但) 听	*(dàn) tīng*	hear
道	*dào*	way
(之) 人	*(zhī) rén*	person
(有) 许多	*(yǒu) xǔ duō*	many
信 (的)	*xìn (de)*	believe
男丁	*nán dīng*	**adult male**
数目	*shù mù*	number
约	*yuē*	**about**
(到) 五千	*(dào) wǔ qiān*	five thousand

DAY 240 • WEEK 35 • AUG 28 — ACTS 11:3

You went to **uncircumcised** (割礼) men and ate **with** (一同) them. (ESV)

| 割礼 | gē lǐ | (n) circumcision |
| 一同 | yī tóng | (prep) with |

你进入未受**割礼**之人的家，和他们**一同**吃饭了。

你	nǐ	you
进入	jìn rù	enter
(未受) 割礼	(wèi shòu) gē lǐ	**circumcision**
(之) 人	(zhī) rén	person
(的) 家	(de) jiā	house
(和) 他们	(hé) tā men	they
一同	yī tóng	**with**
吃饭 [115] (了)	chī fàn (le)	eat

---

[115] The expanded meaning of 饭 means a "meal," so 吃饭 is a verb-object pair meaning "eat." The more specific meaning of 饭 is "cooked rice," captured in the expression 生米做成熟饭, literally "raw rice made into cooked rice." Cooked rice cannot return to an uncooked state, thus the meaning of the proverb is "what's done is done." See Liwei Jiao and Benjamin M. Stone, *500 Common Chinese Proverbs and Colloquial Expressions* (New York: Routledge, 2014), 121–122.

罗马书 1:16 — ROMANS 1:16 — AUG 29 • WEEK 35 • DAY 241

For I am not ashamed of the **gospel** (福音), for it is the **power** (大能) of God for salvation to everyone who believes, to the Jew first and also to the Greek. (ESV)

| 福音 | fú yīn | (n) gospel |
| 大能 | dà néng | (n) power |

我不以**福音**为耻；这**福音**本是神的**大能**，要救一切相信的，先是犹太人，后是希腊人。

我	wǒ	I
(不以) 福音	(bù yǐ) fú yīn	**gospel**
(为) 耻	(wéi) chǐ	shame
(这) 福音	(zhè) fú yīn	**gospel**
(本是) 神	(běn shì) shén	God
(的) 大能	(de) dà néng	**power**
(要) 救	(yào) jiù	save
一切	yī qiè	all
相信 (的)	xiāng xìn (de)	believe
先	xiān	first
(是) 犹太人	(shì) Yóu tài rén	Jew
后	hòu	after
(是) 希腊人	(shì) Xī là rén	Greek person

By no means (断乎不是)! For then how could God **judge** (审判) the world? (ESV)

| 断乎不是 | duàn hū bù shì | **absolutely not** |
| 审判 | shěn pàn | (v) **judge** |

断乎不是！若是这样，神怎能审判世界呢？

断乎不是 [116]	duàn hū bù shì	**absolutely not**
(若是) 这样	(ruò shì) zhè yàng	like this
神	shén	God
怎能	zěn néng	how can
审判	shěn pàn	judge
世界 (呢)	shì jiè (ne)	world

---

[116] The key character in 断乎不是 for conveying the meaning of the apostle Paul's characteristic μὴ γένοιτο "absolutely not" expression is 断. Modern alternatives for 断乎不是 include 绝对不是 (新译本) and 当然不是 (新普及译本).

罗马书 5:1 ROMANS 5:1 AUG 31 • WEEK 35 • DAY 243

Therefore, since we have been **justified** (称义) by faith, we have **peace** (相和) with God through our Lord Jesus Christ. (ESV)

| 称义 | *chēng yì* | (v) **called righteous** |
| 相和 | *xiāng hé* | (n) **harmony** |

我们既因信称义，就藉着我们的主耶稣基督，得与神相和。

我们	*wǒ men*	we
(既因) 信	*(jì yīn) xìn*	believe
称义 [117]	*chēng yì*	**called righteous**
(就) 藉着	*(jiù) jiè zhe*	by means of
我们的	*wǒ men de*	our
主	*Zhǔ*	Lord
耶稣基督	*Yē sū Jī dū*	Jesus Christ
得	*dé*	receive
(与) 神	*(yǔ) shén*	God
相和	*xiāng hé*	**harmony**

---

[117] Proper tone pronunciation is necessary to distinguish 称义 (*chēng yì*) "*called* righteous—justification" from 成义 (*chéng yì*) "*become* righteous—sanctification." Note the following partial definition of 称义: 圣经和神学用语，指神宣告一个人成义…… "A biblical and theological term referring to God proclaiming that a person has become righteous …" See Longguang Lu, ed., *Biblical and Theological Dictionary of Christianity* (in Chinese) (Beijing: Religious Culture Publishing, 2007), 318. A significant component of contemporary theological reconstruction, or Sinicization, of Christianity in China follows Ting in "play(ing) down the idea of justification by faith … because it is overemphasized in China, as if it is the all in all of the Christian faith." See K. H. Ting, "Theology and Context: Speech on the 50th Anniversary of the Three-Self Patriotic Movement of the Protestant Churches in China," *Chinese Theological Review* 17 (2003): 123–130, esp. 125.

DAY 244 • WEEK 35 • SEP 1   ROMANS 6:5   罗马书 6:5

For if we **have been united** (**联合**) with him in a death like his, we shall certainly **be united** (**联合**) with him in a resurrection like his. (ESV)

| 形状 | xíng zhuàng | (n) form |
| 联合 | lián hé | (v) unite |

我们若在他死的**形状**上与他**联合**，也要在他复活的**形状**上与他**联合**。

我们	wǒ men	we
(若在) 他	(ruò zài) tā	he
死	sǐ	death
(的) 形状 (上)	(de) xíng zhuàng (shàng)	form
(与) 他	(yǔ) tā	he
联合	lián hé	**unite**
(也要在) 他	(yě yào zài) tā	he
复活	fù huó	resurrection
(的) 形状 (上)	(de) xíng zhuàng (shàng)	**form**
(与) 他	(yǔ) tā	he
联合	lián hé	**unite**

Let not sin therefore reign in your mortal body, to make you **obey** (顺从) its **passions** (私欲). (ESV)

| 顺从 | shùn cóng | (v) **obey** |
| 私欲 | sī yù | (n) **selfish desire** |

所以不要容罪在你们必死的身上作王，使你们顺从身子的私欲。

(所以不要) 容	(suǒ yǐ bù yào) róng	allow
罪	zuì	sin
(在) 你们	(zài) nǐ men	you (plural)
(必) 死	(bì) sǐ	die
(的) 身 (上)	(de) shēn (shàng)	body
作王	zuò wáng	reign
(使) 你们	(shǐ) nǐ men	you (plural)
顺从	shùn cóng	**obey**
身子	shēn zi	body
(的) 私欲	(de) sī yù	**selfish desire**

Wretched (苦) man that I am! Who will deliver me from this **body** (身体) of death? (ESV)

苦	kǔ	(adj) **bitter**
身体	shēn tǐ	(n) **body**

我真是苦啊！谁能救我脱离这取死的身体呢？

我	wǒ	I
真	zhēn	truly
(是) 苦 (啊)	(shì) kǔ (a)	**bitter**
谁	shéi	who
能	néng	be able to
救	jiù	save
我	wǒ	I
脱离	tuō lí	break away from
(这) 取	(zhè) qǔ	get
死	sǐ	death
(的) 身体 (呢)	(de) shēn tǐ (ne)	**body**

罗马书 8:15 — ROMANS 8:15 — SEP 4 • WEEK 36 • DAY 247

For you did not receive the spirit of slavery to fall back into **fear** (害怕), but you have received the Spirit of adoption as sons, by whom we cry, "**Abba!** (阿爸) Father!" (ESV)

| 害怕 | hài pà | (v) **be afraid** |
| 阿爸 | ā bà | (n) **Abba** |

你们所受的不是奴仆的心，仍旧害怕；所受的乃是儿子的心，因此我们呼叫："阿爸，父！"

你们	nǐ men	you (plural)
(所) 受 (的)	(suǒ) shòu (de)	receive
(不是) 奴仆	(bù shì) nú pú	slave
(的) 心	(de) xīn	heart
仍旧	réng jiù	remain
害怕	**hài pà**	**be afraid**
(所) 受 (的)	(suǒ) shòu (de)	receive
(乃是) 儿子	(nǎi shì) ér zi	son
(的) 心	(de) xīn	heart
(因此) 我们	(yīn cǐ) wǒ men	we
呼叫	hū jiào	shout
阿爸 [118]	**ā bà**	**Abba**
父	fù	father

---

[118] 阿爸 is both a transliteration and a translation of the Aramaic word אַבָּא. Its components are the prefix 阿 and 爸 "father." On the 阿 noun prefix see Jinyang Zhu, "Zum nominalen Affix im modernen Chinesisch," *Oriens Extremus* 36 (1993): 169–183, esp. 173–174.

DAY 248 • WEEK 36 • SEP 5 — ROMANS 8:28 — 罗马书 8:28

And we know that for those who love God **all things** (万事) work together for **good** (益处), for those who are called according to his purpose. (ESV)

万事	wàn shì	(n) all things
益处	yì chù	(n) benefit

我们晓得万事都互相效力，叫爱神的人得益处，就是按他旨意被召的人。

我们	wǒ men	we
晓得	xiǎo dé	know
万事	**wàn shì**	**all things**
(都) 互相	(dōu) hù xiāng	mutually
效力	xiào lì	serve
(叫) 爱	(jiào) ài	love
神	shén	God
(的) 人	(de) rén	person
得	dé	receive
益处	**yì chù**	**benefit**
(就是) 按	(jiù shì) àn	according to
他	tā	he
旨意	zhǐ yì	will
(被) 召 (的) 人	(bèi) zhāo (de) rén	called person

罗马书 8:31 — ROMANS 8:31 — SEP 6 • WEEK 36 • DAY 249

What then shall we say to these things? **If** (既是) God is for us, who can **be against** (敌挡) us? (ESV)

| 既是 | jì shì | (conj) since |
| 敌挡 | dí dǎng | (v) oppose |

既是这样，还有什么说的呢？神若帮助我们，谁能敌挡我们呢？

既是	*jì shì*	**since**
这样	*zhè yàng*	like this
(还有) 什么	*(hái yǒu) shén me*	what
说 (的呢)	*shuō (de ne)*	say
神	*shén*	God
(若) 帮助	*(ruò) bāng zhù*	help
我们	*wǒ men*	we
谁	*shéi*	who
(能) **敌挡**	*(néng) dí dǎng*	**oppose**
我们 (呢)	*wǒ men (ne)*	we

DAY 250 • WEEK 36 • SEP 7   ROMANS 8:38   罗马书 8:38

For I **am sure** (深信) that neither death nor life, nor angels nor **rulers** (掌权), nor things present nor things to come, nor powers ... (ESV)

| 深信 | shēn xìn | (v) **deeply believe** |
| 掌权 | zhǎng quán | (v) **be in power** |

因为我**深信**无论是死，是生，是天使，是**掌权**的，是有能的，是现在的事，是将来的事……

(因为) 我	(yīn wèi) wǒ	I
深信	shēn xìn	**deeply believe**
(无论是) 死	(wú lùn shì) sǐ	death
(是) 生	(shì) shēng	life
(是) 天使	(shì) tiān shǐ	angel
(是) **掌权** (的)	(shì) zhǎng quán (de)	**be in power**
(是有) 能 (的)[119]	(shì yǒu) néng (de)	ability
(是) 现在 (的) 事	(shì) xiàn zài (de) shì	present things
(是) 将来 (的) 事	(shì) jiāng lái (de) shì	future things

---

[119] 是有能的 reflects "nor powers" in the ESV, but in the 和合本 this phrase appears in a different position within the "nor" list in Rom 8:38 than in modern Bible translations. This is due to the 和合本 following the KJV reading of Rom 8:38 (deriving from the *Textus Receptus* of the Greek New Testament) rather than the reading in the putative guiding translation, the ERV (the English Revised Version of 1885). For the textual basis of the 和合本 translation, see George Kam Wah Mak, "'Laissez-faire' or Active Intervention? The Nature of the British and Foreign Bible Society's Patronage of the Translation of the Chinese Union Versions," *Journal of the Royal Asiatic Society*, 3rd series 20 (2010): 167–190. See also Kuo-Wei Peng, "The Influence of the KJV in Protestant Chinese Bible Translation Work," pages 297–308 in David G. Burke, John F. Kutsko, and Philip H. Towner, eds., *The King James Version at 400: Assessing Its Genius as Bible Translation and Its Literary Influence* (Atlanta: Society of Biblical Literature, 2013), esp. 302–305.

... nor height nor depth, nor any other **created thing** (**受造之物**) will be able to **separate** (**隔绝**) us from the love of God ... (CSB)

受造之物	*shòu zào zhī wù*	(n) **created thing**
隔绝	*gé jué*	(v) **separate**

是高处的，是低处的，是别的**受造之物**，都不能叫我们与神的爱**隔绝**。

(是) 高处 (的)	(*shì*) *gāo chù* (*de*)	high place
(是) 低处 (的)	(*shì*) *dī chù* (*de*)	low place
(是) 别 (的)	(*shì*) *bié* (*de*)	other
受造之物	*shòu zào zhī wù*	**created thing**
(都不能) 叫	(*dōu bù néng*) *jiào*	call
我们	*wǒ men*	we
(与) 神	(*yǔ*) *shén*	God
(的) 爱	(*de*) *ài*	love
隔绝	*gé jué*	**separate**

DAY 252 • WEEK 36 • SEP 9 — ROMANS 9:6 — 罗马书 9:6

Now it is not as though the **word** (话) of God has **failed** (落空), because not all who are descended from Israel are Israel. (CSB)

| 话 | huà | (n) word |
| 落空 | luò kōng | (v) fail |

这不是说神的**话落**了**空**，因为从以色列生的，不都是以色列人……

(这不是) 说	(zhè bù shì) shuō	say
神 (的)	shén (de)	God
话	huà	**word**
落了空	luò (le) kōng	**fail**
(因为从) 以色列	(yīn wèi cóng) Yǐ sè liè	Israel
生 (的)	shēng (de)	be born
(不都是) 以色列	(bù dōu shì) Yǐ sè liè	Israel
人	rén	person

ROMANS 9:14 — SEP 10 • WEEK 37 • DAY 253

What shall we say then? Is there injustice on God's part? By no means! (ESV)

| 难道 | *nán dào* | **rhetorical question marker** |
| 公平 | *gōng píng* | (adj) **fair** |

这样，我们可说什么呢？难道神有什么不公平吗？断乎没有！

这样	*zhè yàng*	like this
我们	*wǒ men*	we
(可) 说	*(kě) shuō*	say
什么 (呢)	*shén me (ne)*	what
难道 [120]	*nán dào*	**rhetorical question marker**
神	*shén*	God
(有) 什么	*(yǒu) shén me*	what
(不) 公平 (吗)	*(bù) gōng píng (ma)*	**fair**
断乎没有	*duàn hū méi yǒu*	absolutely not

---

[120] Yip Po-Ching and Dom Rimmington, *Chinese: A Comprehensive Grammar*, 2nd ed. (New York: Routledge, 2016), 405–406.

DAY 254 • WEEK 37 • SEP 11 — ROMANS 12:1a — 罗马书 12:1a

I appeal to you therefore, brothers, by the mercies of God, to **present** (**献上**) your bodies as a **living sacrifice** (**活祭**), holy and acceptable to God … (ESV)

献上	xiàn shàng	(v) offer
活祭	huó jì	(n) living sacrifice

所以弟兄们，我以神的慈悲劝你们，将身体**献上**，当作**活祭**，是圣洁的，是神所喜悦的。

(所以) 弟兄们	(suǒ yǐ) dì xiong men	brothers
我	wǒ	I
(以) 神	(yǐ) shén	God
(的) 慈悲	(de) cí bēi	mercy
劝 {劝勉}	quàn	urge
你们	nǐ men	you (plural)
(将) 身体	(jiāng) shēn tǐ	body
献上	**xiàn shàng**	**offer**
(当) 作	(dàng) zuò	be
活祭	**huó jì**	**living sacrifice**
(是) 圣洁 (的)	(shì) shèng jié (de)	holy
(是) 神	(shì) shén	God
(所) 喜悦 (的)	(suǒ) xǐ yuè (de)	please

罗马书 12:2 — ROMANS 12:2 — SEP 12 • WEEK 37 • DAY 255

Do not be conformed to this world, but be **transformed** (变化) by the **renewal** (更新) of your mind, that by testing you may discern what is the will of God, what is good and acceptable and perfect. (ESV)

| 更新 | gēng xīn | (v) renew |
| 变化 | biàn huà | (v) change |

不要效法这个世界，只要心意更新而变化，叫你们察验何为神的善良，纯全、可喜悦的旨意。

(不要) 效法	(bù yào) xiào fǎ	imitate
(这个) 世界	(zhè ge) shì jiè	world
(只要) 心意	(zhǐ yào) xīn yì	mind
更新	*gēng xīn*	**renew**
(而) **变化**	*(ér) biàn huà*	**change**
(叫) 你们	(jiào) nǐ men	you (plural)
察验	chá yàn	examine
何为	hé wèi	what is
神	shén	God
(的) 善良	(de) shàn liáng	good
纯全	chún quán	complete
(可) 喜悦	(kě) xǐ yuè	please
(的) 旨意	(de) zhǐ yì	will

DAY 256 · WEEK 37 · SEP 13 — ROMANS 12:11 — 罗马书 12:11

Do not be slothful in zeal, be fervent in spirit, **serve** (**服事**) the Lord. (ESV)

| 殷勤 | yīn qín | (v) **be eager** |
| 服事 | fú shì | (v) **serve** |

殷勤不可懒惰。要心里火热，常常**服事**主。

殷勤	*yīn qín*	**be eager**
(不可) 懒惰	(*bù kě*) *lǎn duò*	be lazy
(要) 心里	(*yào*) *xīn lǐ*	in the heart
火热	*huǒ rè*	fervent
常常	*cháng cháng*	always
服事	*fú shì*	**serve**
主	*Zhǔ*	Lord

Therefore **welcome** (**接纳**) one another as Christ has **welcomed** (**接纳**) you, for the glory of God. (ESV)

接纳	*jiē nà*	(v) **accept**
归与	*guī yǔ*	(v) **ascribe to**

所以你们要彼此**接纳**，如同基督**接纳**你们一样，使荣耀**归与**神。

(所以) 你们	(*suǒ yǐ*) *nǐ men*	you (plural)
(要彼此) **接纳**	(*yào bǐ cǐ*) *jiē nà*	**accept**
如同	*rú tóng*	just as
基督	*Jī dū*	Christ
接纳	*jiē nà*	**accept**
你们	*nǐ men*	you (plural)
一样	*yī yàng*	same
(使) 荣耀	(*shǐ*) *róng yào*	glory
归与 [121]	*guī yǔ*	**ascribe to**
神	*shén*	God

---

[121] A similar expression is 归于, as seen in Rom 15:7 in the 新译本.

DAY 258 • WEEK 37 • SEP 15 — ROMANS 16:17 — 罗马书 16:17

I appeal to you, brothers, to **watch out for** (留意) those who cause divisions and create obstacles contrary to the doctrine that you have been taught; **avoid** (躲避) them. (ESV)

| 留意 | liú yì | (v) **pay attention to** |
| 躲避 | duǒ bì | (v) **avoid** |

弟兄们，那些离间你们，叫你们跌倒，背乎所学之道的人，我劝你们要留意躲避他们。

弟兄们	dì xiōng men	brothers
(那些) 离间	(nà xiē) lí jiàn	drive a wedge between
你们	nǐ men	you (plural)
(叫) 你们	(jiào) nǐ men	you (plural)
跌倒	diē dǎo	fall
背 (乎)	bèi (hū)	turn one's back upon
(所) 学 (之) 道	(suǒ) xué (zhī) dào	the studied way
(的) 人	(de) rén	person
我	wǒ	I
劝	quàn	urge
你们	nǐ men	you (plural)
(要) 留意	(yào) liú yì	**pay attention to**
躲避	duǒ bì	**avoid**
他们	tā men	they

哥林多前书 1:18   1 CORINTHIANS 1:18   SEP 16 • WEEK 37 • **DAY 259**

For the word of the **cross** (十字架) is **folly** (愚拙) to those who are perishing, but to us who are being saved it is the power of God. (ESV)

| 十字架 | *shí zì jià* | (n) **cross** |
| 愚拙 | *yú zhuō* | (n) **folly** |

因为**十字架**的道理，在那灭亡的人为**愚拙**；在我们得救的人，却为神的大能。

(因为) **十字架**	(*yīn wèi*) *shí zì jià*	**cross**
(的) 道理	(*de*) *dào lǐ*	principle
(在那) 灭亡	(*zài nà*) *miè wáng*	perish
(的) 人	(*de*) *rén*	person
(为) **愚拙**	(*wéi*) *yú zhuō*	**folly**
(在) 我们	(*zài*) *wǒ men*	we
得救	*dé jiù*	receive salvation
(的) 人	(*de*) *rén*	person
(却为) 神	(*què wéi*) *shén*	God
(的) 大能	(*de*) *dà néng*	great power

DAY 260 · WEEK 38 · SEP 17   1 CORINTHIANS 2:9   哥林多前书 2:9

But, as it is written, "What no **eye** (**眼睛**) has seen, nor ear heard, nor the heart of man imagined, what God has **prepared** (**预备**) for those who love him"— (ESV)

| 预备 | yù bèi | (v) prepare |
| 眼睛 | yǎn jing | (n) eye |

如经上所记，神为爱他的人所**预备**的，是**眼睛**未曾看见，耳朵未曾听见，人心也未曾想到的。

(如) 经 (上)	(rú) jīng (shàng)	Scripture
(所) 记	(suǒ) jì	record
神	shén	God
(为) 爱	(wèi) ài	love
他	tā	he
(的) 人	(de) rén	person
(所) 预备 (的)	(suǒ) yù bèi (de)	**prepare**
(是) 眼睛	(shì) yǎn jing	**eye**
(未曾) 看见	(wèi céng) kàn jiàn	see
耳朵	ěr duo	ear
(未曾) 听见	(wèi céng) tīng jiàn	hear
人心	rén xīn	human heart
(也未曾) 想到 (的)	(yě wèi céng) xiǎng dào (de)	think

哥林多前书 3:2　1 CORINTHIANS 3:2　SEP 18 • WEEK 38 • **DAY 261**

I had to **feed** (喂) you with **milk** (奶), not with solid food, because you weren't ready for anything stronger. And you still aren't ready … (NLT)

| 奶 | nǎi | (n) **milk** |
| 喂 | wèi | (v) **feed** |

我是用**奶喂**你们，没有用饭**喂**你们。那时你们不能吃，就是如今还是不能。

我	wǒ	I
(是) 用	(shì) yòng	use
奶	**nǎi**	**milk**
喂	**wèi**	**feed**
你们	nǐ men	you (plural)
(没有) 用	(méi yǒu) yòng	use
饭	fàn	food
喂	**wèi**	**feed**
你们	nǐ men	you (plural)
(那) 时	(nà) shí	time
你们	nǐ men	you (plural)
(不能) 吃	(bù néng) chī	eat
(就是) 如今	(jiù shì) rú jīn	now
还是 (不能)	hái shì (bù néng)	still is

DAY 262 • WEEK 38 • SEP 19   1 CORINTHIANS 4:1   哥林多前书 4:1

This is how one should regard us, as servants of Christ and **stewards** (**管家**) of the **mysteries** (**奥秘**) of God. (ESV)

| 奥秘 | *ào mì* | (n) mystery |
| 管家 | *guǎn jiā* | (n) manager |

人应当以我们为基督的执事，为神奥秘事的管家。

人	*rén*	person
应当	*yīng dāng*	should
(以) 我们	*(yǐ) wǒ men*	we
(为) 基督	*(wéi) Jī dū*	Christ
(的) 执事 [122]	*(de) zhí shì*	servant
(为) 神	*(wéi) shén*	God
奥秘	*ào mì*	**mystery**
事	*shì*	thing
(的) **管家**	*(de) guǎn jiā*	**manager**

---

[122] 执事 is also the term for "deacon" in the New Testament, for example in 1 Tim 3:8. See Day 307 for 监督 "overseer." Another important church leader term is 长老 "elder," as in Tit 1:5 and elsewhere. 牧师 "pastor" appears once, in Eph 4:11.

哥林多前书 5:1 — 1 CORINTHIANS 5:1 — SEP 20 • WEEK 38 • DAY 263

It is actually reported that there is **sexual immorality** (淫乱) among you, and sexual immorality of such a kind as does not exist **even** (连……也) among the Gentiles, that someone has his father's wife. (LSB)

| 淫乱 | yín luàn | (n) sexual immorality |
| 连……也 | lián … yě | (adv) even |

风闻在你们中间有淫乱的事。这样的淫乱，连外邦人中也没有，就是有人收了他的继母。

风闻	fēng wén	learn through hearsay
(在) 你们 (中间)	(zài) nǐ men (zhōng jiān)	you (plural)
(有) 淫乱	(yǒu) yín luàn	**sexual immorality**
(的) 事	(de) shì	thing
(这) 样	(zhè) yàng	kind
(的) 淫乱	(de) yín luàn	**sexual immorality**
连	lián	**even**
外邦人 (中)	wài bāng rén (zhōng)	Gentile
也	yě	…
没有	méi yǒu	there is not
(就是有) 人	(jiù shì yǒu) rén	person
收 (了)	shōu (le)	receive
他的	tā de	his
继母	jì mǔ	stepmother

DAY 264 • WEEK 38 • SEP 21 — 1 CORINTHIANS 10:31 — 哥林多前书 10:31

So, whether you **eat** (吃) or **drink** (喝), or whatever you do, do all to the glory of God. (ESV)

吃	*chī*	(v) **eat**
喝	*hē*	(v) **drink**

所以你们或吃或喝，无论作什么，都要为荣耀神而行。

(所以) 你们	(*suǒ yǐ*) *nǐ men*	you (plural)
(或)[123] 吃	(*huò*) *chī*	**eat**
(或) 喝	(*huò*) *hē*	**drink**
无论	*wú lùn*	no matter
作	*zuò*	do
什么	*shén me*	what
(都要为) 荣耀	(*dōu yào wèi*) *róng yào*	glory
神	*shén*	God
(而) 行	(*ér*) *xíng*	do

---

[123] The 或 A 或 B "either A or B" construction must use 或 rather than 或者 if A and B are single characters, as is the case here in 1 Cor 10:31. See Xingjian Zhou, Huibang Yu, and Xingfa Yang, eds., *Xian dai Han yu gui fan yong fa da ci dian* (in Chinese) (Beijing: Xue Yuan Publishing, 1997), 500.

哥林多前书 12:12 — 1 CORINTHIANS 12:12

For just as the **body** (**身子**) is one and has many **members** (**肢体**), and all the **members** (**肢体**) of the **body** (**身子**), though many, are one **body** (**身子**), so it is with Christ. (ESV)

身子	shēn zi	(n) body
肢体	zhī tǐ	(n) member

就如**身子**是一个，却有许多**肢体**；而且**肢体**虽多，仍是一个**身子**。基督也是这样。

(就如) **身子**	(jiù rú) shēn zi	**body**
(是) 一个	(shì) yī gè	one
(却有) 许多	(què yǒu) xǔ duō	many
肢体	zhī tǐ	**member**
(而且) **肢体**	(ér qiě) zhī tǐ	**member**
(虽) 多	(suī) duō	many
(仍是一个) **身子**	(réng shì yī gè) shēn zi	**body**
基督	Jī dū	Christ
(也是) 这样	(yě shì) zhè yàng	like this

DAY 266 • WEEK 38 • SEP 23   1 CORINTHIANS 13:4   哥林多前书 13:4

Love is patient and kind; love does not **envy** (嫉妒) or **boast** (自夸); it is not arrogant … (ESV)

嫉妒	jí dù	(v) envy
自夸	zì kuā	(v) boast

爱是恒久忍耐，又有恩慈：爱是不**嫉妒**，爱是不**自夸**，不张狂……

爱	ài	love
(是) 恒久	(shì) héng jiǔ	long-standing
忍耐	rěn nài	patient
(又有) 恩慈	(yòu yǒu) ēn cí	kindness
爱	ài	love
(是不) **嫉妒**	(shì bù) jí dù	**envy**
爱	ài	love
(是不) **自夸**	(shì bù) zì kuā	**boast**
(不) 张狂	(bù) zhāng kuáng	arrogant

哥林多前书 15:58a 1 CORINTHIANS 15:58a

Therefore, my beloved brothers, be **steadfast** (坚固), immovable, always **abounding** (竭力) in the work of the Lord … (ESV)

| 坚固 | jiān gù | (adj) **firm** |
| 竭力 | jié lì | (v) **do one's utmost** |

所以我亲爱的弟兄们，你们务要坚固不可摇动，常常竭力多作主工……

(所以) 我	(suǒ yǐ) wǒ	I
亲爱	qīn ài	dear
(的) 弟兄们	(de) dì xiōng men	brothers
你们	nǐ men	you (plural)
(务要) 坚固	(wù yào) jiān gù	**firm**
(不可) 摇动	(bù kě) yáo dòng	shake
常常	cháng cháng	always
竭力	jié lì	**do one's utmost**
(多) 作	(duō) zuò	do
主	Zhǔ	Lord
工	gōng	work

DAY 268 • WEEK 39 • SEP 25   1 CORINTHIANS 16:13   哥林多前书 16:13

Be watchful, stand **firm** (稳) in the faith, act like **men** (丈夫), be strong. (ESV)

稳	wěn	(adj) **steady**
丈夫	zhàng fū	(n) **man**

你们务要儆醒，在真道上站立得稳，要作大丈夫，要刚强。

你们	nǐ men	you (plural)
(务要) 儆醒	(wù yào) jǐng xǐng	watchful
(在) 真道 (上)	(zài) zhēn dào (shàng)	true way
站立	zhàn lì	stand
(得)[124] 稳	(de) wěn	**steady**
(要) 作	(yào) zuò	do
(大) 丈夫 [125]	(dà) zhàng fū	**man**
(要) 刚强	(yào) gāng qiáng	firm

---

[124] Chinese learners may find this "structural particle" use of 得 *de* more difficult to learn than the verbal use of 得 *dé* meaning "receive," because there are three *de* structural particles:

    Attributive   的   A + 的 + B = "B of A"
                                  地上的尘土 "dust of the ground"
                                  See Day 5 (Genesis 2:7a).
    Adverbial   地   adverb + 地 + verb
                                    我实实在在地告诉你 "Truly, truly, I say to you"
                                  See Day 220 (John 3:3).
    Complement   得   verb + 得 + complement
                                  站立得稳
                                  example above: "stand firm"

[125] 丈夫 is a 多音词, distinguishing its two meanings only by the tone of the second character. 丈夫 *zhàng fū* means "man," while 丈夫 *zhàng fu* means "husband." See Day 307 and Shansen Lin, ed., *Han yu duo yin ci yong fa bian xi ci dian* (in Chinese) (Xian: World Library Xian Publishing, 2010), 374.

哥林多后书 1:1a   2 CORINTHIANS 1:1a   SEP 26 • WEEK 39 • **DAY 269**

Paul, an **apostle** (**使徒**) of Christ Jesus by the will of God, and Timothy our **brother** (**兄弟**) … (ESV)

| 使徒 | shǐ tú | (n) apostle |
| 兄弟 | xiōng dì | (n) brother |

奉神旨意，作基督耶稣**使徒**的保罗，和**兄弟**提摩太……

奉	fèng	respectfully offer
神	shén	God
旨意	zhǐ yì	will
作	zuò	be
基督耶稣	Jī dū Yē sū	Christ Jesus
使徒	shǐ tú	**apostle**
(的) 保罗	(de) Bǎo luó	Paul
(和) **兄弟** [126]	(hé) xiōng dì	**brother**
提摩太	Tí mó tài	Timothy

---

[126] 兄弟 and 弟兄 both mean "brother," but the customary term for "Christian brother" is 弟兄 (For example, see Day 193). See Todd Friesen, *A Chinese/English Handbook of Christian Vocabulary* (Harrisonburg, VA: China Education Exchange, 1997), 40. For a nuanced treatment of the usage differences of these two terms in secular Chinese, see Xingjian Zhou, Huibang Yu, and Xingfa Yang, eds., *Xian dai Han yu gui fan yong fa da ci dian* (in Chinese) (Beijing: Xue Yuan Publishing, 1997), 1269–1270.

DAY 270 • WEEK 39 • SEP 27   2 CORINTHIANS 4:7   哥林多后书 4:7

But we have this **treasure** (宝贝) in **jars of clay** (瓦器), to show that the surpassing power belongs to God and not to us. (ESV)

| 宝贝 | bǎo bèi | (n) **treasured object** |
| 瓦器 | wǎ qì | (n) **clay vessel** |

我们有这宝贝放在瓦器里，要显明这莫大的能力，是出于神，不是出于我们。

我们	wǒ men	we
(有这) 宝贝	(yǒu zhè) bǎo bèi	**treasured object**
放	fàng	place
(在) 瓦器 (里)	(zài) wǎ qì (lǐ)	**clay vessel**
(要) 显明	(yào) xiǎn míng	make known
(这) 莫大	(zhè) mò dà	greatest
(的) 能力	(de) néng lì	power
(是) 出于	(shì) chū yú	stem from
神	shén	God
(不是) 出于	(bù shì) chū yú	stem from
我们	wǒ men	we

哥林多后书 4:16 — 2 CORINTHIANS 4:16 — SEP 28 • WEEK 39 • DAY 271

So we do not **lose heart** (**丧胆**). Though our outer self is **wasting away** (**毁坏**), our inner self is being renewed day by day. (ESV)

| 丧胆 | sàng dǎn | (v) **have great fear** |
| 毁坏 | huǐ huài | (v) **being destroyed** |

所以，我们不**丧胆**。外体虽然**毁坏**，内心却一天新似一天。

(所以) 我们	(suǒ yǐ) wǒ men	we
(不) **丧胆**	(bù) sàng dǎn	**have great fear**
外体 [127]	wài tǐ	outside form
(虽然) **毁坏**	(suī rán) huǐ huài	**being destroyed**
内心	nèi xīn	innermost being
(却一) 天	(què yī) tiān	day
新	xīn	new
似	sì	like
(一) 天	(yī) tiān	day

---

[127] The expressions 外面的人 in the 新译本 and 身体 in the 当代译本 are clearer in meaning in modern Chinese.

DAY 272 • WEEK 39 • SEP 29   2 CORINTHIANS 5:17   哥林多后书 5:17

Therefore, if anyone is in Christ, he is a **new creation** (新造); **old things** (旧事) have passed away, and look, new things have come. (HCSB)

| 新造 | xīn zào | (n) new creation |
| 旧事 | jiù shì | (n) old things |

若有人在基督里，他就是新造的人。旧事已过，都变成新的了。

(若有) 人	(ruò yǒu) rén	person
(在) 基督 (里)[128]	(zài) Jī dū (lǐ)	Christ
他	tā	he
(就是) 新造	(jiù shì) xīn zào	**new creation**
(的) 人	(de) rén	person
旧事	jiù shì	**old things**
已过	yǐ guò	have passed
(都) 变成	(dōu) biàn chéng	change
新 (的了)	xīn (de le)	new

---

[128] From the standpoint of Chinese grammar, 在基督里 "in Christ" is not a self-explanatory expression, and grasping its meaning requires immersion in the theology of the Pauline epistles. For a focused treatment see Mark A. Seifrid, "In Christ," pages 433–436 in Gerald F. Hawthorne, Ralph P. Martin, and Daniel G. Reid, eds., *Dictionary of Paul and His Letters* (Downers Grove, IL: InterVarsity Press, 1993) and "In Christ *Zai Ji du li*," (in Chinese) pages 1:638–643 in *21 Shi ji Bao luo shu xin ci dian*, 2 vols., trans. Zhanghui Yang (Taipei: Campus Evangelical Fellowship, 2009).

哥林多后书 6:1 — 2 CORINTHIANS 6:1 — SEP 30 · WEEK 39 · DAY 273

Working together (同工) with him, then, we appeal to you not to receive the **grace** (恩典) of God in vain. (ESV)

| 同工 | *tóng gōng* | (v) **work together** |
| 恩典 | *ēn diǎn* | (n) **grace** |

我们与神同工的，也劝你们，不可徒受他的恩典。

我们	*wǒ men*	we
(与) 神	*(yǔ) shén*	God
同工 (的)	*tóng gōng (de)*	**work together**
(也) 劝	*(yě) quàn*	urge
你们	*nǐ men*	you (plural)
不可	*bù kě*	must not
徒	*tú*	in vain
受	*shòu*	receive
他的	*tā de*	his
恩典	*ēn diǎn*	**grace**

DAY 274 • WEEK 40 • OCT 1   2 CORINTHIANS 12:9a   哥林多后书 12:9a

But he said to me, "My grace is **sufficient** (够) for you (用), for my power is made perfect in **weakness** (软弱)." (ESV)

| 够 X 用 | gòu X yòng | (adj) **sufficient** (for X) |
| 软弱 | ruǎn ruò | (adj) **weak** |

他对我说,我的恩典**够**你**用**的。因为我的能力,是在人的**软弱**上显得完全。

他	tā	he
(对) 我	(duì) wǒ	I
说	shuō	say
我的	wǒ de	my
恩典	ēn diǎn	grace
够 (你) **用** (的)[129]	**gòu** (nǐ) **yòng** (de)	**sufficient** (for you)
(因为) 我	yīn wèi (wǒ)	I
(的) 能力	(de) néng lì	power
(是在) 人	(shì zài) rén	person
(的) **软弱** (上)	(de) **ruǎn ruò** (shàng)	**weak**
显得	xiǎn de	appear
完全	wán quán	perfect

---

[129] 够你用的 in 2 Cor 12:9a received public commendation as a particularly apt translation as the 和合本 committee revised the text of the Chinese New Testament toward spoken Mandarin. See F. W. Baller, "Notes on the Revision of the Mandarin New Testament," *The Chinese Recorder and Missionary Journal* 38 (1907): 91–101, esp. 92. This phrase is now an established feature of Christian Chinese. See for example Grace Tseng, "*Ni de en dian gou wo yong,*" *Ping an* (Stream of Praise, 2019).

I have been crucified with Christ. It is no longer I who **live** (活), but Christ who lives in me. (ESV)

| 钉 | dìng | (v) **nail** |
| 活 | huó | (v) **live** |

我已经与基督同钉十字架。现在活着的，不再是我，乃是基督在我里面活着。

我	wǒ	I
(已经与) 基督	(yǐ jīng yǔ) Jī dū	Christ
(同) 钉 [130]	(tóng) dìng	**nail**
十字架	shí zì jià	cross
现在	xiàn zài	now
活 (着的)	huó (zhe de)	**live**
(不) 再	(bù) zài	still
(是) 我	(shì) wǒ	I
(乃是) 基督	(nǎi shì) Jī dū	Christ
(在) 我 (里面)	(zài) wǒ (lǐ miàn)	I
活 (着)	huó (zhe)	**live**

---

[130] 钉 *dīng* is the noun "nail," and 钉 *dìng* denotes the verbal action of nailing. See Huacan Li, ed., *Duo yin ci bian xi* (in Chinese) (Jinan: Shandong Education Press, 1982), 101–102.

DAY 276 • WEEK 40 • OCT 3 — GALATIANS 5:22 — 加拉太书 5:22

But the **fruit** (**果子**) of the Spirit is **love** (**仁爱**), joy, peace, patience, kindness, goodness, faithfulness … (ESV)

| 果子 | *guǒ zǐ* | (n) **fruit** |
| 仁爱 | *rén ài* | (n) **charity** |

圣灵所结的**果子**，就是**仁爱**、喜乐、和平、忍耐、恩慈、良善、信实……

圣灵	*shèng líng*	Holy Spirit
(所) 结 (的)	*(suǒ) jié (de)*	produce
果子	*guǒ zǐ*	**fruit**
(就是) **仁爱**	*(jiù shì) rén ài*	**charity**
喜乐	*xǐ lè*	joy
和平	*hé píng*	peace
忍耐	*rěn nài*	patience
恩慈	*ēn cí*	kindness
良善	*liáng shàn*	goodness
信实	*xìn shí*	faithfulness

加拉太书 6:2 — GALATIANS 6:2 — OCT 4 • WEEK 40 • **DAY 277**

Bear (担当) one another's **burdens** (重担), and so fulfill the law of Christ. (ESV)

| 重担 | zhòng dàn | (n) **heavy burden** |
| 担当 | dān dāng | (v) **take upon oneself** |

你们各人的**重担**要互相**担当**，如此就完全了基督的律法。

你们	nǐ men	you (plural)
各人	gè rén	everyone
(的) 重担	(de) zhòng dàn	**heavy burden**
(要) 互相	(yào) hù xiāng	mutually
担当	dān dāng	**take upon oneself**
如此	rú cǐ	like this
(就) 完全 (了)	(jiù) wán quán (le)	fulfill
基督	Jī dū	Christ
(的) 律法	(de) lǜ fǎ	law

DAY 278 • WEEK 40 • OCT 5 — GALATIANS 6:9 — 加拉太书 6:9

And let us not grow **weary** (丧志) of doing good, for in due season we will reap, if we do not **give up** (灰心). (ESV)

| 丧志 | sàng zhì | (v) **be demoralized** |
| 灰心 | huī xīn | (v) **be discouraged** |

我们行善，不可**丧志**。若不**灰心**，到了时候，就要收成。

我们	wǒ men	we
行善	xíng shàn	do good
(不可) **丧志**	(bù kě) sàng zhì	**be demoralized**
(若不) **灰心**	(ruò bù) huī xīn	**be discouraged**
到 (了)	dào (le)	until
时候	shí hòu	time
(就要) 收成	(jiù yào) shōu chéng	harvest

以弗所书 1:7 — EPHESIANS 1:7

In him we have **redemption** (救赎) through his blood, the forgiveness of our **trespasses** (过犯), according to the riches of his grace. (ESV)

救赎	jiù shú	(n) redemption
过犯	guò fàn	(n) past sins

我们藉这爱子的血，得蒙救赎，过犯得以赦免，乃是照他丰富的恩典。

我们	wǒmen	we
藉	jiè	through
(这) 爱子	(zhè) ài zǐ	loved son
(的) 血	(de) xuè	blood
(得蒙) **救赎**	(dé méng) jiù shú	**redemption**
过犯	guò fàn	**past sins**
得以	dé yǐ	able to
赦免	shè miǎn	forgive
(乃是) 照	(nǎi shì) zhào	according to
他	tā	he
丰富	fēng fù	abundance
(的) 恩典	(de) ēn diǎn	grace

DAY 280 • WEEK 40 • OCT 7   EPHESIANS 2:8   以弗所书 2:8

For **by** (**本乎**) grace you have been saved through faith, and this not **of** (**出于**) yourselves, it is the gift of God ... (LSB)

| 本乎 | běn hū | (v) **stem from** |
| 出于 | chū yú | (v) **stem from** |

你们得救是**本乎**恩，也因着信，这并不是**出于**自己，乃是神所赐的。

你们	nǐ men	you (plural)
得救	dé jiù	receive salvation
(是) **本乎**	(shì) běn hū	**stem from**
恩	ēn	grace
(也因着) 信	(yě yīn zhe) xìn	faith
(这并不是) **出于**	(zhè bìng bù shì) chū yú	**stem from**
自己	zì jǐ	self
(乃是) 神	(nǎi shì) shén	God
(所) 赐 (的)	(suǒ) cì (de)	give

以弗所书 4:3　　EPHESIANS 4:3　　OCT 8 • WEEK 41 • **DAY 281**

... eager to **maintain** (**保守**) the **unity** (**合而为一**) of the Spirit in the bond of peace. (ESV)

| 保守 | bǎo shǒu | (v) preserve |
| 合而为一 | hé ér wéi yī | (n) unity |

……用和平彼此联络，竭力**保守**圣灵所赐**合而为一**的心。

用	yòng	use
和平	hé píng	peace
(彼此) 联络	(bǐ cǐ) lián luò	connect
竭力	jié lì	do one's utmost
保守	bǎo shǒu	**preserve**
圣灵	shèng líng	Holy Spirit
(所) 赐	(suǒ) cì	give
合而为一	hé ér wéi yī	**unity**
(的) 心	(de) xīn	heart

DAY 282 • WEEK 41 • OCT 9   EPHESIANS 4:32   以弗所书 4:32

Be kind (恩慈) to one another, tenderhearted, **forgiving** (饶恕) one another, as God in Christ forgave you. (ESV)

| 恩慈 | ēn cí | (n) kindness |
| 饶恕 | ráo shù | (v) forgive |

并要以**恩慈**相待，存怜悯的心，彼此**饶恕**，正如神在基督里**饶恕**了你们一样。

(并要以) **恩慈**	(bìng yào yǐ) ēn cí	**kindness**
相待	xiāng dài	treat
存	cún	keep
怜悯	lián mǐn	mercy
(的) 心	(de) xīn	heart
彼此	bǐ cǐ	mutually
饶恕	ráo shù	**forgive**
正如	zhèng rú	just as
神	shén	God
(在) 基督 (里)	(zài) Jī dū (lǐ)	Christ
饶恕 (了)	ráo shù (le)	**forgive**
你们	nǐ men	you (plural)
一样	yī yàng	same

以弗所书 5:1　　EPHESIANS 5:1　　OCT 10 • WEEK 41 • **DAY 283**

Therefore be **imitators** (效法) of God, as beloved **children** (儿女). (ESV)

| 效法 | *xiào fǎ* | (v) **imitate** |
| 儿女 | *ér nǚ* | (n) **children** |

所以你们该效法神，好像蒙慈爱的儿女一样。

(所以) 你们	*(suǒ yǐ) nǐ men*	you (plural)
(该) 效法	*(gāi) xiào fǎ*	**imitate**
神	*shén*	God
好像	*hǎo xiàng*	like
(蒙) 慈爱	*(méng) cí ài*	love
(的) 儿女	*(de) ér nǚ*	**children**
一样	*yī yàng*	same

DAY 284 • WEEK 41 • OCT 11   EPHESIANS 5:2   以弗所书 5:2

And walk in love, **as** (正如) Christ loved us and gave himself up for us, a **fragrant** (馨香) offering and sacrifice to God. (ESV)

| 正如 | *zhèng rú* | (conj) **just as** |
| 馨香 | *xīn xiāng* | (n) **fragrance** |

也要凭爱心行事，正如基督爱我们，为我们舍了自己，当作馨香的供物和祭物献与神。

(也要凭) 爱心	*(yě yào píng) ài xīn*	loving heart
行事	*xíng shì*	do things
正如	*zhèng rú*	**just as**
基督	*Jī dū*	Christ
爱	*ài*	love
我们	*wǒ men*	we
(为) 我们	*(wèi) wǒ men*	we
舍 (了)	*shě (le)*	give up
自己	*zì jǐ*	oneself
(当) 作	*(dàng) zuò*	be
馨香	*xīn xiāng*	**fragrance**
(的) 供物	*(de) gòng wù*	offering
(和) 祭物	*(hé) jì wù*	sacrifice
献	*xiàn*	offer
(与) 神	*(yǔ) shén*	God

EPHESIANS 6:10

OCT 12 • WEEK 41 • **DAY 285**

以弗所书 6:10

Finally, be strong in the Lord and in the strength of his might. (ESV)

| 靠 | kào | (v) **depend upon** |
| 倚赖 | yǐ lài | (v) **rely upon** |

我还有末了的话：你们要**靠**着主，**倚赖**他的大能大力，作刚强的人。

我	wǒ	I
(还有) 末了	(hái yǒu) mò liǎo	finally
(的) 话	(de) huà	word
你们	nǐ men	you (plural)
(要) **靠** (着)	(yào) **kào** (zhe)	**depend upon**
主	Zhǔ	Lord
倚赖	**yǐ lài**	**rely upon**
他的	tā de	his
大能大力	dà néng dà lì	great power
作	zuò	be
刚强	gāng qiáng	firm
(的) 人	(de) rén	person

DAY 286 • WEEK 41 • OCT 13 — EPHESIANS 6:11 — 以弗所书 6:11

Put on (穿戴) the whole **armor** (军装) of God, that you may be able to stand against the schemes of the devil. (ESV)

| 穿戴 | chuān dài | (v) **put on clothes** |
| 军装 | jūn zhuāng | (n) **military uniform** |

要**穿戴**神所赐的全副**军装**，就能抵挡魔鬼的诡计。

(要) **穿戴**	(yào) chuān dài	**put on clothes**
神	shén	God
(所) 赐 (的)	(suǒ) cì (de)	give
全	quán	whole
(副)[131] **军装**	(fù) jūn zhuāng	**military uniform**
(就能) 抵挡	(jiù néng) dǐ dǎng	resist
魔鬼 [132]	mó guǐ	devil
(的) 诡计	(de) guǐ jì	crafty scheme

---

[131] Alternate measure words for 军装 include 件, 身, and 套. See Xuemin Liu and Chongmo Deng, eds., *Xian dai han yu ming ci liang ci da pei ci dian* (Hangzhou: Zhejiang Educational Press, 1989), 190.

[132] 魔鬼 *mó guǐ* means "devil," and 鬼魔 *guǐ mó* means "demon" (see for example 1 Tim 4:1).

I **thank** (**感谢**) my God every time I **remember** (**想念**) you. (NIV)

想念	xiǎng niàn	(v) remember
感谢	gǎn xiè	(v) thank

我每逢**想念**你们，就**感谢**我的神。

我	wǒ	I
每逢	měi féng	every time
想念	xiǎng niàn	**remember**
你们	nǐ men	you (plural)
(就) **感谢**	(jiù) gǎn xiè	**thank**
我的	wǒ de	my
神	shén	God

DAY 288 • WEEK 42 • OCT 15   PHILIPPIANS 1:22   腓立比书 1:22

Now if I live on in the flesh, this means fruitful **work** (**工夫**) for me; and I don't know which one I **should** (**该**) choose. (CSB)

| 工夫 | *gōng fu* | (n) **work** |
| 该 | *gāi* | (modal aux) **should** |

但我在肉身活着，若成就我工夫的果子，我就不知道该挑选什么。

(但) 我	(*dàn*) *wǒ*	I
(在) 肉身	(*zài*) *ròu shēn*	physical body
活 (着)	*huó* (*zhe*)	live
(若) 成就	(*ruò*) *chéng jiù*	accomplish
我	*wǒ*	I
工夫 [133]	*gōng fu*	**work**
(的) 果子	(*de*) *guǒ zǐ*	fruit
我	*wǒ*	I
(就不) 知道	(*jiù bù*) *zhī dào*	know
该	*gāi*	**should**
挑选	*tiāo xuǎn*	choose
什么	*shén me*	what

---

[133] In modern Chinese, 工夫 and its identically pronounced synonym 功夫 have diverged in meaning. 工夫 typically refers to work with reference to the time required to perform that work, while 功夫 has more to do with accomplishments or skills achieved through work. In addition, 功夫 has taken on the specific meaning of Chinese martial arts: "kung fu." See Yongxiang Zhou et al., eds., *Xian dai Han yu tong yin ci ci dian* (in Chinese) (Beijing: Commercial Press, 2009), 182.

… doing nothing through **faction** (结党) or through vainglory, but in **lowliness** (谦卑) of mind each counting other better than himself … (ERV)

| 结党 | jié dǎng | (v) **form a faction** |
| 谦卑 | qiān bēi | (adj) **humble** |

凡事不可结党，不可贪图虚浮的荣耀。只要存心谦卑，各人看别人比自己强。

凡事	fán shì	all things
(不可) 结党	(bù kě) jié dǎng	**form a faction**
(不可) 贪图	(bù kě) tān tú	covet
虚浮	xū fú	vain
(的) 荣耀	(de) róng yào	glory
(只要) 存心	(zhǐ yào) cún xīn	deliberately
谦卑	qiān bēi	**humble**
各人	gè rén	everyone
看	kàn	see
别人	bié rén	other people
(比) 自己	(bǐ) zì jǐ	oneself
强	qiáng	better

DAY 290 · WEEK 42 · OCT 17 — PHILIPPIANS 2:13 — 腓立比书 2:13

For it is God who is working in you both to will and to work according to his **good purpose** (美意). (CSB)

| 立志 | *lì zhì* | (v) **be determined** |
| 美意 | *měi yì* | (n) **good will** |

因为你们**立志**行事，都是神在你们心里运行，为要成就他的**美意**。

(因为) 你们	(*yīn wèi*) *nǐ men*	you (plural)
立志	*lì zhì*	**be determined**
行事	*xíng shì*	work
(都是) 神	(*dōu shì*) *shén*	God
(在) 你们	(*zài*) *nǐ men*	you (plural)
心里	*xīn lǐ*	in the heart
运行	*yùn xíng*	working
(为要) 成就	(*wèi yào*) *chéng jiù*	accomplish
他的	*tā de*	his
美意	*měi yì*	**good will**

Indeed, he was so **sick** (病) that he **nearly** (几乎) died. However, God had mercy on him, and not only on him but also on me … (CSB)

病	bìng	(adj) **sick**
几乎	jī hū	(adv) **about**

他实在是病了，几乎要死。然而神怜恤他，不但怜恤他，也怜恤我……

他	tā	he
实在	shí zài	actually
(是) 病 (了)	(shì) bìng (le)	**sick**
几乎	jī hū	**about**
(要) 死	(yào) sǐ	die
(然而) 神	(rán ér) shén	God
怜恤	lián xù	show mercy
他	tā	he
(不但) 怜恤	(bù dàn) lián xù	show mercy
他	tā	he
(也) 怜恤	(yě) lián xù	show mercy
我	wǒ	I

DAY 292 • WEEK 42 • OCT 19 — PHILIPPIANS 3:13b — 腓立比书 3:13b

But one thing I do: **forgetting** (忘记) what lies behind and **straining** (努力) forward to what lies ahead … (ESV)

| 忘记 | wàng jì | (v) **forget** |
| 努力 | nǔ lì | (v) **work hard** |

我只有一件事，就是忘记背后努力面前的……

我	wǒ	I
只 (有)	zhǐ (yǒu)	only
(一件)[134] 事	(yī jiàn) shì	thing
(就是) 忘记	(jiù shì) wàng jì	**forget**
背后	bèi hòu	what is behind
努力	nǔ lì	**work hard**
面前 (的)	miàn qián (de)	what is ahead

---

[134] 件 is the measure word for items of clothing, products of work, and matters (such as 事 in Phil 3:13b). See Jiqing Dang and Michael Connelly, *Chinese Measure Word Dictionary: A Chinese-English English-Chinese Usage Guide* (Boston: Cheng & Tsui, 2008), 17.

腓立比书 3:19　　PHILIPPIANS 3:19　　OCT 20 • WEEK 42 • **DAY 293**

Their end is **destruction** (沉沦), their god is their **belly** (肚腹), and they glory in their shame, with minds set on earthly things. (ESV)

| 沉沦 | *chén lún* | (n) **downfall** |
| 肚腹 | *dù fù* | (n) **belly** |

他们的结局就是沉沦，他们的神就是自己的肚腹，他们以自己的羞辱为荣耀，专以地上的事为念。

他们的	*tā men de*	their
结局	*jié jú*	end
(就是) 沉沦	*(jiù shì) chén lún*	**downfall**
他们的	*tā men de*	their
神	*shén*	God
(就是) 自己的	*(jiù shì) zì jǐ de*	one's own
肚腹	*dù fù*	**belly**
他们	*tā men*	they
(以) 自己的	*(yǐ) zì jǐ de*	one's own
羞辱	*xiū rǔ*	shame
(为) 荣耀	*(wéi) róng yào*	glory
专	*zhuān*	focused on one thing
(以) 地上	*(yǐ) dì shàng*	on earth
(的) 事	*(de) shì*	thing
(为) 念	*(wéi) niàn*	remembrance

DAY 294 • WEEK 42 • OCT 21   PHILIPPIANS 4:9a   腓立比书 4:9a

What you have **learned** (学习) and **received** (领受) and heard and seen in me—practice these things … (ESV)

学习	*xué xí*	(v) **study**
领受	*lǐng shòu*	(v) **receive**

你们在我身上所学习的，所领受的，所听见的，所看见的，这些事你们都要去行。

你们	*nǐ men*	you (plural)
(在) 我	*(zài) wǒ*	I
身上	*shēn shàng*	on oneself
(所) 学习 (的)	*(suǒ) xué xí (de)*	**study**
(所) 领受 (的)	*(suǒ) lǐng shòu (de)*	**receive**
(所) 听见 (的)	*(suǒ) tīng jiàn (de)*	hear
(所) 看见 (的)	*(suǒ) kàn jiàn (de)*	see
(这些) 事	*(zhè xiē) shì*	thing
你们	*nǐ men*	you (plural)
(都要) 去行	*(dōu yào) qù xíng*	go and do

腓立比书 4:13

I can **do** (作) all things through him who **strengthens** (力量) me. (ESV)

力量	*lì liàng*	(n) **strength**
作	*zuò*	(v) **do**

我靠着那加给我力量的，凡事都能作。

我	wǒ	I
靠 (着)	kào (zhe)	depend upon
(那) 加给	(nà) jiā gěi	add
我	wǒ	I
力量 (的)	*lì liàng* (de)	**strength**
凡事	fán shì	all things
(都能) **作**	(dōu néng) *zuò*	**do**

DAY 296 · WEEK 43 · OCT 23   PHILIPPIANS 4:19   腓立比书 4:19

And my God will supply every need of yours according to his **riches** (丰富) in glory in Christ Jesus. (ESV)

| 丰富 | *fēng fù* | (n) **abundance** |
| 充足 | *chōng zú* | (adj) **sufficient** |

我的神必照他荣耀的**丰富**，在基督耶稣里，使你们一切所需用的都**充足**。

我的	*wǒ de*	my
神	*shén*	God
(必) 照	*(bì) zhào*	according to
他	*tā*	he
荣耀	*róng yào*	glory
(的) 丰富	*(de) fēng fù*	**abundance**
(在) 基督耶稣 (里)	*(zài) Jī dū Yē sū (lǐ)*	Christ Jesus
(使) 你们	*(shǐ) nǐ men*	you (plural)
一切	*yī qiè*	all
(所) 需用 (的)	*(suǒ) xū yòng (de)*	need
(都) 充足	*(dōu) chōng zú*	**sufficient**

He is the image of the invisible God, the **firstborn** (首生) of all creation. (ESV)

爱子	*ài zǐ*	(n) **loved son**
首生	*shǒu shēng*	(n) **firstborn**

爱子是那不能看见之神的像，是首生的，在一切被造的以先。

爱子	*ài zǐ*	**loved son**
(是那不能) 看见	*(shì nà bù néng) kàn jiàn*	see
(之) 神	*(zhī) shén*	God
(的) 像 {形像}	*(de) xiàng*	image
(是) **首生** (的)	*(shì) shǒu shēng (de)*	**firstborn**
(在) 一切	*(zài) yī qiè*	all
(被) 造 (的)	*(bèi) zào (de)*	create
以先	*yǐ xiān*	before

DAY 298 • WEEK 43 • OCT 25   COLOSSIANS 3:12   歌罗西书 3:12

Therefore, as God's **chosen people** (选民), holy and dearly loved, clothe yourselves with compassion, kindness, **humility** (谦虚), gentleness and patience. (NIV)

| 选民 | xuǎn mín | (n) chosen people |
| 谦虚 | qiān xū | (n) humility |

所以你们既是神的选民，圣洁蒙爱的人，就要存怜悯、恩慈、谦虚、温柔、忍耐的心。

(所以) 你们	(suǒ yǐ) nǐ men	you (plural)
(既是) 神	(jì shì) shén	God
(的) **选民**	(de) xuǎn mín	**chosen people**
圣洁	shèng jié	holy
(蒙) 爱	(méng) ài	love
(的) 人	(de) rén	person
(就要) 存 [135]	(jiù yào) cún	keep
怜悯	lián mǐn	mercy
恩慈	ēn cí	kindness
谦虚	qiān xū	**humility**
温柔	wēn róu	tenderness
忍耐	rěn nài	patience
(的) 心	(de) xīn	heart

---

[135] Here a note in the 和合本 explains that a literal translation would be 穿 (not 存). See Xiaojun Xu, "Adding a Cubit to Bible Understanding: A Study of Notes in the Chinese Union Version Bible and the Sigao Bible," *The Bible Translator* 72 (2021): 31–49, esp. 36.

歌罗西书 4:8 — COLOSSIANS 4:8

I am sending him to you for the **express** (**特意**) purpose that you may know about our **circumstances** (**光景**) and that he may encourage your hearts. (NIV)

特意	tè yì	(adv) **intentionally**
光景	guāng jǐng	(n) **circumstances**

我**特意**打发他到你们那里去，好叫你们知道我们的**光景**，又叫他安慰你们的心。

我	wǒ	I
特意	**tè yì**	**intentionally**
打发	dǎ fa	send
他	tā	he
(到) 你们 (那里)	(dào) nǐ men (nà lǐ)	you (plural)
去	qù	go
(好叫) 你们	(hǎo jiào) nǐ men	you (plural)
知道	zhī dào	know
我们的	wǒ men de	our
光景	**guāng jǐng**	**circumstances**
(又叫) 他	(yòu jiào) tā	he
安慰	ān wèi	comfort
你们的	nǐ men de	your (plural)
心	xīn	heart

DAY 300 · WEEK 43 · OCT 27   1 THESS. 2:17   帖撒罗尼迦前书 2:17

But since we were **torn away** (离别) from you, brothers, for a **short time** (暂时), in person not in heart … (ESV)

| 暂时 | zàn shí | (adv) **temporarily** |
| 离别 | lí bié | (v) **leave** |

弟兄们，我们暂时与你们离别，是面目离别，心里却不离别……

弟兄们	dì xiong men	brothers
我们	wǒ men	we
暂时	**zàn shí**	**temporarily**
(与) 你们	(yǔ) nǐ men	you (plural)
离别	**lí bié**	**leave**
(是) 面目	(shì) miàn mù	in person
离别	**lí bié**	**leave**
心里	xīn lǐ	in the heart
(却不) **离别**	(què bù) lí bié	**leave**

But we do not want you to be uninformed, brothers, **about** (论到) those who are asleep, that you may not **grieve** (忧伤) as others do who have no hope. (ESV)

论到	lùn dào	(prep) regarding
忧伤	yōu shāng	(adj) aggrieved

论到睡了的人，我们不愿意弟兄们不知道，恐怕你们忧伤，像那些没有指望的人一样。

论到	lùn dào	regarding
睡 (了)	shuì (le)	sleep
(的) 人	(de) rén	person
我们	wǒ men	we
(不) 愿意	(bù) yuàn yì	willing
弟兄们	dì xiong men	brothers
(不) 知道	(bù) zhī dào	know
恐怕 [136]	kǒng pà	*untranslated*
你们	nǐ men	you (plural)
忧伤	yōu shāng	**aggrieved**
(像那些没有) 指望	(xiàng nàxiē méiyǒu) zhǐ wàng	hope
(的) 人	(de) rén	person
一样	yī yàng	same

---

[136] 恐怕 literally means "fear," but its use in 1 Thess 4:13 is to introduce a negative situation. See Claudia Ross et al., *Modern Mandarin Chinese Grammar: A Practical Guide*, 3rd ed. (New York: Routledge, 2024), 404–405.

DAY 302 • WEEK 44 • OCT 29   1 THESS. 5:11   帖撒罗尼迦前书 5:11

Therefore encourage one another and **build** (建立) one another (互相) up, just as you are doing. (ESV)

| 互相 | hù xiāng | (adv) mutually |
| 建立 | jiàn lì | (v) build |

所以你们该彼此劝慰，互相建立，正如你们素常所行的。

所以	suǒ yǐ	therefore
你们	nǐ men	you (plural)
该	gāi	should
彼此	bǐ cǐ	mutually
劝慰	quàn wèi	console
互相	**hù xiāng**	**mutually**
建立	**jiàn lì**	**build**
正如	zhèng rú	just as
你们	nǐ men	you (plural)
素常	sù cháng	ordinarily
(所) 行 (的)	(suǒ) xíng (de)	do

帖撒罗尼迦前书 5:18 — 1 THESS. 5:18 — OCT 30 • WEEK 44 • DAY 303

Give thanks (谢恩) in everything, for this is God's **will** (旨意) for you in Christ Jesus. (HCSB)

| 谢恩 | xiè ēn | (v) give thanks |
| 旨意 | zhǐ yì | (n) will |

凡事**谢恩**。因为这是神在基督耶稣里向你们所定的**旨意**。

凡事	fán shì	all things
谢恩	xiè ēn	**give thanks**
(因为这是) 神	(yīn wèi zhè shì) shén	God
(在) 基督耶稣 (里)	(zài) Jī dū Yē sū (lǐ)	Christ Jesus
(向) 你们	(xiàng) nǐ men	you (plural)
(所) 定 (的)	(suǒ) dìng (de)	decide
旨意	zhǐ yì	**will**

DAY 304 • WEEK 44 • OCT 31   2 THESS. 2:2   帖撒罗尼迦后书 2:2

[*from v. 1:* We ask you, brothers,] not to be quickly shaken in mind or alarmed, either by a spirit or a **spoken word** (言语), or a letter **seeming** (冒) to be from us ... (ESV)

| 言语 | *yán yǔ* | (n) **word** |
| 冒 | *mào* | (adv) **falsely** |

我劝你们，无论有灵有言语，有冒我名的书信……不要轻易动心，也不要惊慌。

我	*wǒ*	I
劝	*quàn*	urge
你们	*nǐ men*	you (plural)
(无论有) 灵	*(wú lùn yǒu) líng*	spirit
(有) 言语	*(yǒu) yán yǔ*	**word**
(有) 冒	*(yǒu) mào*	**falsely**
我名	*wǒ míng*	my name
(的) 书信	*(de) shū xìn*	letter
(不要) 轻易	*(bù yào) qīng yì*	easily
动	*dòng*	move
心	*xīn*	heart
(也不要) 惊慌	*(yě bù yào) jīng huāng*	be alarmed

And you know what is **restraining** (拦阻) him now so that he may be **revealed** (显露) in his time. (ESV)

| 拦阻 | *lán zǔ* | (v) **block** |
| 显露 | *xiǎn lù* | (v) **reveal** |

现在你们也知道那拦阻他的是什么，是叫他到了的时候，才可以显露。

现在	*xiàn zài*	now
你们	*nǐ men*	you (plural)
(也) 知道	*(yě) zhī dào*	know
(那) 拦阻	*(nà) lán zǔ*	**block**
他 (的)	*tā (de)*	he
(是) 什么	*(shì) shén me*	what
(是叫) 他	*(shì jiào) tā*	he
到 (了)	*dào (le)*	arrive
的时候	*de shí hòu*	when
(才可以) 显露	*(cái kě yǐ) xiǎn lù*	**reveal**

DAY 306 • WEEK 44 • NOV 2   1 TIMOTHY 2:12   提摩太前书 2:12

I do not permit a woman to **teach** (讲道) or to **exercise authority** (辖管) over a man; rather, she is to remain quiet. (ESV)

| 讲道 | jiǎng dào | (v) **preach** |
| 辖管 | xiá guǎn | (v) **have authority over** |

我不许女人**讲道**，也不许她**辖管**男人，只要沉静。

我	wǒ	I
(不) 许	(bù) xǔ	allow
女人	nǚ rén	woman
讲道 [137]	jiǎng dào	**preach**
(也不) 许	(yě bù) xǔ	allow
她	tā	she
辖管	xiá guǎn	**have authority over**
男人	nán rén	man
(只要) 沉静	(zhǐ yào) chén jìng	quiet

---

[137] Other terms for preaching include 传道 (see Day 211) and 证道, which are verb-object constructions like 讲道 that all entail the teaching of 道. Strandenaes remarks that these terms center the act of preaching upon teaching and the message of preaching upon doctrine. See Thor Strandenaes, *Principles of Chinese Bible Translation as Expressed in Five Selected Versions of the New Testament and Exemplified by Mt 5:1–12 and Col 1*, Coniecta Biblica New Testament Series 19 (Stockholm: Almqvist & Wiksell, 1987), 61.

提摩太前书 3:2　　1 TIMOTHY 3:2　　NOV 3 • WEEK 44 • DAY 307

Therefore an **overseer** (监督) must (必须) be above reproach, the husband of one wife, sober-minded, self-controlled, respectable, hospitable, able to teach … (ESV)

| 监督 | jiān dū | (n) overseer |
| 必须 | bì xū | (modal aux) must |

作**监督**的，**必须**无可指责，只作一个妇人的丈夫，有节制，自守，端正，乐意接待远人，善于教导。

作	zuò	be
监督 (的)	jiān dū (de)	**overseer**
必须	bì xū	**must**
(无可) 指责	(wú kě) zhǐ zé	find fault with
(只) 作	(zhǐ) zuò	be
(一个) 妇人	(yī gè) fù rén	married woman
(的) 丈夫	(de) zhàng fu	husband
(有) 节制	(yǒu) jié zhì	moderation
自守	zì shǒu	self-control
端正	duān zhèng	upright
乐意	lè yì	happy to do something
接待	jiē dài	receive
远人	yuǎn rén	person far from home
善 (于)	shàn yú	be adept at
教导	jiào dǎo	teach

1 TIMOTHY 6:12a — 提摩太前书 6:12a

Fight the good fight of the **faith** (真道). Take hold of the **eternal life** (永生) to which you were called … (ESV)

| 真道 | zhēn dào | (n) true way |
| 永生 | yǒng shēng | (n) eternal life |

你要为**真道**打那美好的仗，持定**永生**。你为此被召……

你	nǐ	you
(要为) **真道**	(yào wèi) zhēn dào	**true way**
打	dǎ	hit
(那) 美好	(nà) měi hǎo	good
(的) 仗	(de) zhàng	battle
持 (定)	chí (dìng)	hold
永生	yǒng shēng	**eternal life**
你	nǐ	you
(为) 此	(wèi) cǐ	this
(被) 召	(bèi) zhāo	call

提摩太后书 1:3 — 2 TIMOTHY 1:3 — NOV 5 • WEEK 45 • DAY 309

I thank God whom I serve, as did my **ancestors** (祖先), with a **clear** (清洁) conscience, as I remember you constantly in my prayers night and day. (ESV)

| 祖先 | zǔ xiān | (n) ancestor |
| 清洁 | qīng jié | (adj) clean |

我感谢神，就是我接续**祖先**，用**清洁**的良心所事奉的神，祈祷的时候，不住地想念你……

我	wǒ	I
感谢	gǎn xiè	thank
神	shén	God
(就是) 我	(jiù shì) wǒ	I
接续	jiē xù	follow
祖先	zǔ xiān	**ancestor**
(用) **清洁**	(yòng) qīng jié	**clean**
(的) 良心	(de) liáng xīn	conscience
(所) 事奉 (的)	(suǒ) shì fèng (de)	serve
神	shén	God
祈祷	qí dǎo	pray
的时候	de shí hòu	when
不住 (地)	bù zhù (de)	constantly
想念	xiǎng niàn	remember with longing
你	nǐ	you

DAY 310 • WEEK 45 • NOV 6   2 TIMOTHY 2:15   提摩太后书 2:15

Be diligent to present yourself approved to God, a worker who does not need to **be ashamed** (**无愧**), rightly **dividing** (**分解**) the word of truth. (NKJV)

无愧	*wú kuì*	(adj) **not ashamed**
分解	*fēn jiě*	(v) **break down**

你当竭力，在神面前得蒙喜悦，作**无愧**的工人，按着正意**分解**真理的道。

你	*nǐ*	you
(当) 竭力	*(dāng) jié lì*	do one's utmost
(在) 神 (面前)	*(zài) shén*	God
(得蒙) 喜悦	*(dé méng) xǐ yuè*	joy
(作) **无愧**	*(zuò) wú kuì*	**not ashamed**
(的) 工人	*(de) gōng rén*	worker
按着	*àn zhe*	according to
正意	*zhèng yì*	proper understanding
分解	*fēn jiě*	**break down**
真理	*zhēn lǐ*	truth
(的) 道	*(de) dào*	way

提摩太后书 3:16　　2 TIMOTHY 3:16　　NOV 7 • WEEK 45 • DAY 311

All Scripture is given by **inspiration** (默示) of God, and is profitable for doctrine, for reproof, for **correction** (归正), for instruction in righteousness … (NKJV)

| 默示 | mò shì | (n) inspiration |
| 归正 | guī zhèng | (v) return to the right path |

圣经都是神所默示的，于教训、督责、使人归正、教导人学义都是有益的……

圣经	shèng jīng	Bible
(都是) 神	(dōu shì) shén	God
(所) 默示 [138] (的)	(suǒ) mò shì (de)	**inspiration**
(于) 教训	(yú) jiào xùn	teaching
督责	dū zé	reprimand
(使) 人	(shǐ) rén	person
归正	guī zhèng	**return to the right path**
教导	jiào dǎo	teach
人	rén	person
学	xué	study
义	yì	righteousness
(都是有) 益 (的)	(dōu shì yǒu) yì (de)	beneficial

---

[138] 默示 is a Christian term for Holy Spirit inspiration of Scripture. See Longguang Lu, ed., *Biblical and Theological Dictionary of Christianity* (in Chinese) (Beijing: Religious Culture Publishing, 2007), 284. The 和合本 uses 默示 only once (2 Tim 3:16) in the New Testament, but 51 times in the Old Testament having to do with the self-revelation of God. In 2 Tim 3:16 the 当代译本 instead uses 启示, and the 新普及译本 has 感动.

DAY 312 • WEEK 45 • NOV 8   2 TIMOTHY 4:7   提摩太后书 4:7

I have fought the good **fight** (仗), I have finished the race, I have **kept** (守住) the faith. (ESV)

| 仗 | zhàng | (n) **battle** |
| 守住 | shǒu zhu | (v) **keep** |

那美好的仗我已经打过了。当跑的路我已经跑尽了。所信的道我已经守住了。

(那) 美好	(nà) měi hǎo	good
(的) 仗	(de) zhàng	**battle**
我	wǒ	I
(已经) 打 (过了)	(yǐ jīng) dǎ (guò le)	hit
(当) 跑	(dāng) pǎo	run
(的) 路	(de) lù	way
我	wǒ	I
(已经) 跑 (尽了)	(yǐ jīng) pǎo (jìn le)	run
(所) 信 (的)	(suǒ) xìn (de)	believe
道	dào	way
我	wǒ	I
(已经) 守住 (了)	(yǐ jīng) shǒu zhu (le)	**keep**

提多书 2:13　　TITUS 2:13　　NOV 9 • WEEK 45 • **DAY 313**

... **waiting** (等候) for our blessed hope, the **appearing** (显现) of the glory of our great God and Savior Jesus Christ ... (ESV)

| 等候 | děng hòu | (v) **wait** |
| 显现 | xiǎn xiàn | (v) **appear** |

等候所盼望的福，并**等候**至大的神和我们救主耶稣基督的荣耀**显现**。

等候	děng hòu	**wait**
(所) 盼望 (的)	(suǒ) pàn wàng (de)	hope
福	fú	blessing
(并) 等候	(bìng) děng hòu	**wait**
至大	zhì dà	greatest
(的) 神	(de) shén	God
(和)[139] 我们	(hé) wǒ men	we
救主	Jiù zhǔ	savior
耶稣基督	Yē sū Jī dū	Jesus Christ
(的) 荣耀	(de) róng yào	glory
显现	xiǎn xiàn	**appear**

---

[139] The 和合本 places 和 in the main text and includes an alternate reading without 和 in a parenthetical note. With 和, 至大的神 "greatest God" and 我们救主耶稣基督 "our savior Jesus Christ" are grammatically separate noun phrases that can refer to separate entities. Without 和, "greatest God" **is** "our savior Jesus Christ." This is the reading required by the Granville Sharp rule of Greek grammar. See Daniel B. Wallace, *Greek Grammar beyond the Basics: An Exegetical Syntax of the New Testament* (Grand Rapids: Zondervan, 1996), 270–277, and *Zhong ji Xi la wen wen fa* (in Chinese), trans. Zunren Wu (New Taipei City: China Evangelical Seminary Press, 2011), 283–290.

Accordingly, though I am **bold** (放胆) enough in Christ to **command** (吩咐) you to do what is required ... (ESV)

放胆	*fàng dǎn*	(v) **act boldly**
吩咐	*fēn fù*	(v) **command**

我虽然靠着基督能**放胆吩咐**你合宜的事……

我	*wǒ*	I
(虽然) 靠 (着)	(*suī rán*) *kào* (*zhe*)	depend upon
基督	*Jī dū*	Christ
能	*néng*	able to
放胆	*fàng dǎn*	**act boldly**
吩咐	*fēn fù*	**command**
你	*nǐ*	you
合宜	*hé yí*	appropriate
(的) 事	(*de*) *shì*	thing

希伯来书 1:3a — HEBREWS 1:3a — NOV 11 • WEEK 45 • DAY 315

He is the **radiance** (光辉) of the glory of God and the exact imprint of his nature, and he upholds the **universe** (万有) by the word of his power. (ESV)

光辉	guāng huī	(n) **radiance**
万有	wàn yǒu	(n) **universe**

他是神荣耀所发的光辉，是神本体的真像，常用他权能的命令托住万有。

他	tā	he
(是) 神	(shì) shén	God
荣耀	róng yào	glory
(所) 发 (的)	(suǒ) fā (de)	send out
光辉	guāng huī	**radiance**
(是) 神	(shì) shén	God
本体	běn tǐ	himself
(的) 真像	(de) zhēn xiàng	true image
常用	cháng yòng	every day
他	tā	he
权能	quán néng	power
(的) 命令	(de) mìng lìng	command
托住	tuō zhù	support
万有	wàn yǒu	**universe**

DAY 316 · WEEK 46 · NOV 12   HEBREWS 4:12   希伯来书 4:12

For the word of God is **living** (活泼) and **active** (功效), sharper than any two-edged sword … (ESV)

活泼	*huó pō*	(adj) **lively**
功效	*gōng xiào*	(adj) **effective**

神的道是**活泼**的，是有**功效**的，比一切两刃的剑更快……

神	*shén*	God
(的) 道	*(de) dào*	way
(是) 活泼 (的)	*(shì) huó pō (de)*	**lively**
(是有) 功效 (的)	*(shì yǒu) gōng xiào (de)*	**effective**
(比) 一切	*(bǐ) yī qiè*	all
两刃	*liǎng rèn*	two-edged
(的) 剑	*(de) jiàn*	sword
更快 [140]	*gèng kuài*	faster

---

[140] 快 does not communicate sharpness (unlike 锋利 in the 新译本), though the 吕振中 translation also uses 快 here.

HEBREWS 4:16

Let us then with **confidence** (**坦然无惧**) draw near to the **throne** (**宝座**) of grace, that we may receive mercy and find grace to help in time of need. (ESV)

| 坦然无惧 | tǎn rán wú jù | (adj) **calm and confident** |
| 宝座 | bǎo zuò | (n) **throne** |

所以我们只管**坦然无惧**地来到施恩的**宝座**前，为要得怜恤，蒙恩惠，作随时的帮助。

(所以) 我们	(suǒ yǐ) wǒ men	we
只管	zhǐ guǎn	simply
坦然无惧 [141] (地)	tǎn rán wú jù (de)	**calm and confident**
来 (到)	lái (dào)	come
施恩	shī ēn	do mercy
(的) **宝座** (前)	(de) bǎo zuò (qián)	**throne**
(为要) 得	(wèi yào) dé	receive
怜恤	lián xù	mercy
(蒙) 恩惠	(méng) ēn huì	grace
作	zuò	do
随时	suí shí	anytime
(的) 帮助	(de) bāng zhù	help

---

[141] 坦然无惧 is a 成语. See *Gu jin han yu cheng yu ci dian* (in Chinese) (Taiyuan: Shanxi People's Press, 1985), 440. In Chinese, Charles Wesley's hymn *And Can it Be* uses this 成语 in an allusion to Heb 4:16 that is clearer in Chinese than in English. 坦然无惧到宝座前 (translating "Bold I approach th'eternal throne"). See "*Qi yi de ai*" in *Hymns of United Worship*, 2nd ed. (Hong Kong: Chinese Christian Literature Council, 1989), hymn 133.

DAY 318 · WEEK 46 · NOV 14   HEBREWS 8:1a   希伯来书 8:1a

Now the **main** (要紧) point of what we are saying is this: We have this kind of high priest. (CEB)

| 其中 | qí zhōng | (adj) one among |
| 要紧 | yào jǐn | (adj) important |

我们所讲的事，其中第一要紧的，就是我们有这样的大祭司……

我们	wǒ men	we
(所) 讲 (的)	(suǒ) jiǎng (de)	say
事	shì	thing
其中	**qí zhōng**	**one among**
第一	dì yī	first
要紧 (的)	**yào jǐn** (de)	**important**
(就是) 我们	(jiù shì) wǒ men	we
(有) 这样	(yǒu) zhè yàng	like this
(的) 大祭司	(de) dà jì sī	high priest

希伯来书 10:23　　HEBREWS 10:23　　NOV 15 • WEEK 46 • **DAY 319**

Let us **hold fast** (坚守) the **confession** (承认) of our hope without wavering, for he who promised is faithful. (ESV)

| 坚守 | jiān shǒu | (v) **hold fast to** |
| 承认 | chéng rèn | (v) **confess** |

也要**坚守**我们所**承认**的指望，不至摇动。因为那应许我们的是信实的。

(也要) **坚守**	(yě yào) jiān shǒu	**hold fast to**
我们	wǒ men	we
(所) **承认** (的)	(suǒ) chéng rèn (de)	**confess**
指望	zhǐ wàng	hope
(不至) 摇动	(bù zhì) yáo dòng	shake
(因为那) 应许	(yīn wèi nà) yīng xǔ	promise
我们 (的)	wǒ men (de)	we
(是) 信实 (的)	(shì) xìn shí (de)	faithful

DAY 320 • WEEK 46 • NOV 16　　HEBREWS 11:11　　希伯来书 11:11

By faith Sarah herself received power to **conceive** (怀孕), even when she was past the **age** (岁数), since she considered him faithful who had promised. (ESV)

| 岁数 | suì shù | (n) age |
| 怀孕 | huái yùn | (v) be pregnant |

因着信，连撒拉自己，虽然过了生育的**岁数**，还能**怀孕**。因她以为那应许她的是可信的。

(因着) 信	(yīn zhe) xìn	faith
(连) 撒拉	(lián) Sā lā	Sarah
自己	zì jǐ	oneself
(虽然) 过 (了)	(suī rán) guò (le)	pass
生育	shēng yù	give birth
(的) 岁数	(de) suì shù	**age**
(还能) 怀孕	(hái néng) huái yùn	**pregnant**
(因) 她	(yīn) tā	she
以为 [142]	yǐ wéi	mistakenly think
(那) 应许	(nà) yīng xǔ	promise
她 (的)	tā (de)	she
(是) 可信 (的)	(shì) kě xìn (de)	trustworthy

---

[142] The hedging of belief normally conveyed by 以为 does not fit Heb 11:11 well, for the intention of the verse is to place Sarah in the 信心名人殿堂 "Hall of Faith" of Hebrews 11. Hence the 新译本 instead uses 认为 here.

HEBREWS 12:1a

Therefore, since we are surrounded by so great a **cloud** (云彩) of witnesses, let us also lay aside **every** (各样) weight … (ESV)

云彩	*yún cǎi*	(n) **cloud**
各样	*gè yàng*	(n) **all kinds**

我们既有这许多的见证人，如同云彩围着我们，就当放下各样的重担……

我们	*wǒ men*	we
(既有这) 许多	*(jì yǒu zhè) xǔ duō*	many
(的) 见证人	*(de) jiàn zhèng rén*	witness
如同	*rú tóng*	just as
云彩	*yún cǎi*	**cloud**
围 (着)	*wéi (zhe)*	surround
我们	*wǒ men*	we
(就当) 放下	*(jiù dāng) fàng xià*	put down
各样	*gè yàng*	**all kinds**
(的) 重担	*(de) zhòng dàn*	heavy burden

DAY 322 • WEEK 46 • NOV 18   HEBREWS 12:2b   希伯来书 12:2b

… who for the joy that was set before him **endured** (忍受) the cross, despising the shame, and is seated at the right hand of the throne of God. (ESV)

| 忍受 | rěn shòu | (v) endure |
| 苦难 | kǔ nàn | (n) suffering |

他因那摆在前面的喜乐，就轻看羞辱，忍受了十字架的苦难，便坐在神宝座的右边。

他	tā	He
(因那) 摆	(yīn nà) bǎi	set
(在) 前面	(zài) qián miàn	in front of
(的) 喜乐	(de) xǐ lè	joy
(就) 轻看	(jiù) qīng kàn	look down upon
羞辱	xiū rǔ	shame
忍受 (了)	rěn shòu (le)	**endure**
十字架	shí zì jià	cross
(的) 苦难	(de) kǔ nàn	**suffering**
(便) 坐	(biàn) zuò	sit
(在) 神	(zài) shén	God
宝座	bǎo zuò	throne
(的) 右边	(de) yòu bian	right side

希伯来书 13:5　　HEBREWS 13:5　　NOV 19 • WEEK 47 • **DAY 323**

Keep your life free from love of **money** (钱财), and be content with what you have, for he has said, "I will never leave you nor forsake you." (ESV)

| 钱财 | qián cái | (n) **money** |
| 足 | zú | (adj) **sufficient** |

你们存心不可贪爱钱财，要以自己所有的为足。因为主曾说："我总不撇下你，也不丢弃你。"

你们	nǐ men	you (plural)
存心	cún xīn	deliberately
(不可) 贪爱	(bù kě) tān ài	covet
钱财	qián cái	**money**
(要以) 自己	(yào yǐ) zì jǐ	oneself
所有 (的)	suǒ yǒu (de)	what one owns
(为) 足	(wéi) zú	**sufficient**
(因为) 主	(yīn wèi) Zhǔ	Lord
(曾) 说	(céng) shuō	say
我	wǒ	I
(总不) 撇下	(zǒng bù) piē xià	cast away
你	nǐ	you
(也不) 丢弃	(yě bù) diū qì	abandon
你	nǐ	you

DAY 324 · WEEK 47 · NOV 20   HEBREWS 13:8   希伯来书 13:8

Jesus Christ is the same **yesterday** (昨日) and **today** (今日) and forever. (ESV)

| 昨日 | *zuó rì* | (n) yesterday |
| 今日 | *jīn rì* | (n) today |

耶稣基督昨日今日一直到永远,是一样的。

耶稣基督	*Yē sū Jī dū*	Jesus Christ
昨日	*zuó rì*	**yesterday**
今日	*jīn rì*	**today**
一直	*yī zhí*	continuously
(到) 永远	*(dào) yǒng yuǎn*	forever
(是) 一样 (的)	*(shì) yī yàng (de)*	the same

雅各书 1:2　　JAMES 1:2　　NOV 21 • WEEK 47 • **DAY 325**

My brothers and sisters, think of the various **tests** (试炼) you encounter as occasions for **joy** (喜乐). (CEB)

| 试炼 | shì liàn | (v) **refine by fire** |
| 喜乐 | xǐ lè | (n) **joy** |

我的弟兄们，你们落在百般**试炼**中，都要以为大**喜乐**。

我的	wǒ de	my
弟兄们	dì xiong men	brothers
你们	nǐ men	you (plural)
落	luò	fall
(在) 百般	(zài) bǎi bān	in many ways
试炼 (中)	shì liàn (zhōng)	**refine by fire**
(都要以为) 大	(dōu yào yǐ wéi) dà	great
喜乐	xǐ lè	**joy**

DAY 326 • WEEK 47 • NOV 22   JAMES 1:5   雅各书 1:5

If any of you **lacks** (缺少) wisdom, let him ask God, who gives generously to all without **reproach** (斥责), and it will be given him. (ESV)

| 缺少 | quē shǎo | (v) lack |
| 斥责 | chì zé | (v) reprimand |

你们中间若有**缺少**智慧的，应当求那厚赐与众人，也不**斥责**人的神，主就必赐给他。

你们 (中间)	nǐ men (zhōng jiān)	you (plural)
(若有) 缺少	(ruò yǒu) quē shǎo	**lack**
智慧 (的)	zhì huì (de)	wisdom
(应当) 求	(yīng dāng) qiú	request
(那) 厚赐	(nà) hòu cì	generously give
(与) 众人	(yǔ) zhòng rén	everyone
(也不) 斥责	(yě bù) chì zé	**reprimand**
人	rén	person
(的) 神	(de) shén	God
主	Zhǔ	Lord
(就必) 赐给	(jiù bì) cì gěi	give
他	tā	he

雅各书 1:12a   JAMES 1:12a

Blessed is the man who remains steadfast under trial, for when he has stood the **test** (试验) he will receive the **crown** (冠冕) of life … (ESV)

试验	shì yàn	(n) test
冠冕	guān miǎn	(n) crown

忍受试探的人是有福的，因为他经过试验以后，必得生命的冠冕……

忍受	rěn shòu	endure
试探	shì tàn	trial
(的) 人	(de) rén	person
(是有) 福 (的)	(shì yǒu) fú (de)	blessing
(因为) 他	(yīn wèi) tā	he
经过	jīng guò	pass through
试验	shì yàn	**test**
以后	yǐ hòu	after
(必) 得	(bì) dé	receive
生命	shēng mìng	life
(的) 冠冕	(de) guān miǎn	**crown**

DAY 328 • WEEK 47 • NOV 24 — JAMES 1:17 — 雅各书 1:17

Every good **gift** (恩赐) and every perfect **gift** (赏赐) is from above, coming down from the Father of lights, with whom there is no variation or shadow due to change. (ESV)

恩赐	ēn cì	(n) spiritual gift
赏赐	shǎng cì	(n) reward

各样美善的**恩赐**和各样全备的**赏赐**都是从上头来的，从众光之父那里降下来的，在他并没有改变，也没有转动的影儿。

(各样) 美善	(gè yàng) měi shàn	beautiful and good
(的) **恩赐**	(de) ēn cì	**spiritual gift**
(和各样) 全备	(hé gè yàng) quán bèi	perfect
(的) **赏赐**	(de) shǎng cì	**reward**
(都是从) 上头	(dōu shì cóng) shàng tou	above
来 (的)	lái (de)	come
(从众) 光	(cóng zhòng) guāng	light
(之) 父 (那里)	(zhī) fù (nà lǐ)	father
降 (下来的)	jiàng (xià lái de)	come down
(在) 他	(zài) tā	he
(并没有) 改变	(bìng méi yǒu) gǎi biàn	change
(也没有) 转动	(yě méi yǒu) zhuàn dòng	turn
(的) 影儿	(de) yǐng ér	shadow

雅各书 4:7　　JAMES 4:7　　NOV 25 • WEEK 47 • **DAY 329**

Submit (顺服) yourselves therefore to God. Resist the devil, and he will **flee** (逃跑) from you. (ESV)

| 顺服 | shùn fú | (v) submit |
| 逃跑 | táo pǎo | (v) flee |

故此你们要顺服神，务要抵挡魔鬼，魔鬼就必离开你们逃跑了。

故此 [143]	gù cǐ	therefore
你们	nǐ men	you (plural)
(要) 顺服	(yào) shùn fú	**submit**
神	shén	God
(务要) 抵挡	(wù yào) dǐ dǎng	resist
魔鬼	mó guǐ	devil
魔鬼	mó guǐ	devil
(就必) 离开	(jiù bì) lí kāi	leave
你们	nǐ men	you (plural)
逃跑 (了)	táo pǎo (le)	**flee**

---

[143] In modern Chinese, 故此 is a "therefore" word in a high literary register. See Halvor Eifring, *Clause Combination in Chinese*, Sinica Leidensia 32 (New York: E. J. Brill, 1995), 376. Note the use of 因此 instead in the 当代译本.

DAY 330 • WEEK 48 • NOV 26　　JAMES 4:9　　雅各书 4:9

Be **wretched** (愁苦) and mourn and weep. Let your **laughter** (喜笑) be turned to mourning and your joy to gloom. (ESV)

| 愁苦 | chóu kǔ | (n) distress |
| 喜笑 | xǐ xiào | (n) laughter |

你们要愁苦、悲哀、哭泣，将喜笑变作悲哀，欢乐变作愁闷。

你们	nǐ men	you (plural)
(要) 愁苦	(yào) chóu kǔ	**distress**
悲哀	bēi āi	mourn
哭泣	kū qì	weep
(将) 喜笑	(jiāng) xǐ xiào	**laughter**
(变) 作	(biàn) zuò	be
悲哀	bēi āi	mourn
欢乐	huān lè	gladness
(变) 作	(biàn) zuò	be
愁闷	chóu mèn	gloom

Humble yourselves (自卑) before the Lord, and he will **exalt** (升高) you. (ESV)

自卑	*zì bēi*	(v) **humble oneself**
升高	*shēng gāo*	(v) **raise**

务要在主面前**自卑**，主就必叫你们**升高**。

(务要在) 主 (面前)	(*wù yào zài*) *zhǔ* (*miàn qián*)	Lord
自卑	*zì bēi*	**humble oneself**
主	*Zhǔ*	Lord
(就必叫) 你们	(*jiù bì jiào*) *nǐ men*	you (plural)
升高	*shēng gāo*	**raise**

DAY 332 • WEEK 48 • NOV 28 — JAMES 5:16 — 雅各书 5:16

Therefore **confess** your **sins** (认罪) to each other and pray for each other so that you may be **healed** (医治). The prayer of a righteous person is powerful and effective. (NIV)

| 认罪 | *rèn zuì* | (v) confess sin |
| 医治 | *yī zhì* | (n) healing |

所以你们要彼此**认罪**,互相代求,使你们可以得**医治**。义人祈祷所发的力量,是大有功效的。

(所以) 你们	(*suǒ yǐ*) *nǐ men*	you (plural)
(要彼此) 认罪	(*yào bǐ cǐ*) *rèn zuì*	**confess sin**
互相	*hù xiāng*	mutually
代求	*dài qiú*	intercede
(使) 你们	(*shǐ*) *nǐ men*	you (plural)
(可以) 得	(*kě yǐ*) *dé*	receive
医治	*yī zhì*	**healing**
义人	*yì rén*	righteous person
祈祷	*qí dǎo*	pray
(所) 发 (的)	(*suǒ*) *fā* (*de*)	send
力量	*lì liàng*	power
(是) 大	(*shì*) *dà*	great
(有) 功效 (的)	(*yǒu*) *gōng xiào* (*de*)	effective

彼得前书 1:10 — 1 PETER 1:10 — NOV 29 • WEEK 48 • DAY 333

The **prophets** (先知), who long ago foretold the grace that you've received, searched and explored, **inquiring carefully** (考察) about this salvation. (CEB)

| 先知 | xiān zhī | (n) prophet |
| 考察 | kǎo chá | (v) inspect |

论到这救恩，那预先说你们要得恩典的众**先知**，早已详细的寻求**考察**。

论到	lùn dào	regarding
(这) 救恩	(zhè) jiù ēn	salvation
(那) 预先	(nà) yù xiān	in advance
说	shuō	say
你们	nǐ men	you (plural)
(要) 得	(yào) dé	receive
恩典	ēn diǎn	grace
(的众) **先知**	(de zhòng) xiān zhī	**prophet**
早	zǎo	early
(已) 详细 (的)	(yǐ) xiáng xì (de)	detailed
寻求	xún qiú	seek
考察	kǎo chá	**inspect**

for "All flesh is like **grass** (草) and all its glory like the **flower** (花) of **grass** (草). The **grass** (草) withers, and the **flower** (花) falls …" (ESV)

| 草 | cǎo | (n) grass |
| 花 | huā | (n) flower |

因为:"凡有血气的,尽都如草,他的美荣都像草上的花。草必枯干,花必凋谢……"

(因为) 凡	(yīn wèi) fán	all
(有) 血气 (的)	(yǒu) xuè qì (de)	blood and breath
(尽都如) 草	(jìn dōu rú) cǎo	**grass**
他的	tā de	his
美荣 [144]	měi róng	glory
(都) 像	(dōu) xiàng	like
草 (上)	cǎo (shàng)	**grass**
(的) 花	(de) huā	**flower**
草	cǎo	**grass**
(必) 枯干	(bì) kū gān	withered
花	huā	**flower**
(必) 凋谢	(bì) diāo xiè	wilted

---

[144] This is the only appearance of 美荣 in the 和合本. All 18 other uses of this term have the opposite character form 荣美 (which the 新译本 also has here in 1 Pet 1:24).

彼得前书 2:9a　　1 PETER 2:9a

But you are a **chosen** (拣选) **race** (族类), a royal priesthood, a holy nation, a people for his own possession … (ESV)

| 拣选 | *jiǎn xuǎn* | (v) **choose** |
| 族类 | *zú lèi* | (n) **race** |

惟有你们是被拣选的族类，是有君尊的祭司，是圣洁的国度，是属神的子民……

惟有	*wéi yǒu*	only
你们	*nǐ men*	you (plural)
(是被) **拣选**	*(shì bèi) jiǎn xuǎn*	**choose**
(的) **族类**	*(de) zú lèi*	**race**
(是有) 君尊	*(shì yǒu) jūn zūn*	royal
(的) 祭司	*(de) jì sī*	priest
(是) 圣洁	*(shì) shèng jié*	holy
(的) 国度	*(de) guó dù*	nation
(是属) 神	*(shì shǔ) shén*	God
(的) 子民	*(de) zǐ mín*	people

DAY 336 • WEEK 48 • DEC 2 — 1 PETER 3:15b — 彼得前书 3:15b

… always being **prepared** (准备) to **make a defense** (回答) to anyone who asks you for a reason for the hope that is in you; yet do it with gentleness and respect … (ESV)

| 准备 | zhǔn bèi | (v) **prepare** |
| 回答 | huí dá | (v) **answer** |

有人问你们心中盼望的缘由，就要常作**准备**，以温柔、敬畏的心**回答**各人。

(有) 人	(yǒu) rén	person
问	wèn	ask
你们	nǐ men	you (plural)
心中	xīn zhōng	in the heart
盼望	pàn wàng	hope
(的) 缘由	(de) yuán yóu	reason
(就要) 常	(jiù yào) cháng	always
作	zuò	be
准备	zhǔn bèi	**prepare**
(以) 温柔	(yǐ) wēn róu	gentleness
敬畏	jìng wèi	revere
(的) 心	(de) xīn	heart
回答	huí dá	**answer**
各人	gè rén	everyone

彼得前书 4:8 — 1 PETER 4:8 — DEC 3 • WEEK 49 • DAY 337

Above all, keep loving one another **earnestly** (**切实**), since love **covers** (**遮掩**) a multitude of sins. (ESV)

| 切实 | qiè shí | (adv) **earnestly** |
| 遮掩 | zhē yǎn | (v) **cover** |

最要紧的是彼此**切实**相爱，因为爱能**遮掩**许多的罪。

(最要) 紧 (的)	(zuì yào) jǐn (de)	urgent
(是) 彼此	(shì) bǐ cǐ	mutually
切实	qiè shí	**earnestly**
相爱	xiāng ài	love each other
(因为) 爱	(yīn wèi) ài	love
(能) **遮掩**	(néng) zhē yǎn	**cover**
许多	xǔ duō	many
(的) 罪	(de) zuì	sin

DAY 338 · WEEK 49 · DEC 4   1 PETER 5:7   彼得前书 5:7

Cast all your **anxiety** (**忧虑**) on him because he **cares for** (**顾念**) you. (NIV)

| 忧虑 | yōu lǜ | (n) **anxiety** |
| 顾念 | gù niàn | (v) **care for** |

你们要将一切的忧虑卸给神，因为他顾念你们。

你们	nǐ men	you (plural)
(要将) 一切	(yào jiāng) yī qiè	all
(的) 忧虑	(de) yōu lǜ	**anxiety**
卸给	xiè gěi	unload
神	shén	God
(因为) 他	(yīn wèi) tā	he
顾念	gù niàn	**care for**
你们	nǐ men	you (plural)

2 PETER 1:3a

His **divine power** (神能) has granted to us all things that pertain to life and **godliness** (虔敬), through the knowledge of him … (ESV)

| 神能 | shén néng | (n) **divine power** |
| 虔敬 | qián jìng | (adj) **reverent** |

神的**神能**已将一切关乎生命和**虔敬**的事赐给我们，皆因我们认识……

神	shén	God
(的) **神能**	(de) shén néng	**divine power**
(已将) 一切	(yǐ jiāng) yī qiè	all
(关乎) 生命	(guān hū) shēng mìng	life
(和) **虔敬**	(hé) qián jìng	**reverent**
(的) 事	(de) shì	thing
赐给	cì gěi	give
我们	wǒ men	we
皆因	jiē yīn	all because
我们	wǒ men	we
认识	rèn shi	know

DAY 340 • WEEK 49 • DEC 6 — 2 PETER 2:1a — 彼得后书 2:1a

But **false** (**假**) prophets also arose among the people, just as there will be **false** (**假**) **teachers** (**师傅**) among you, who will secretly bring in destructive heresies … (ESV)

| 假 | *jiǎ* | (adj) **false** |
| 师傅 | *shī fu* | (n) **master** |

从前在百姓中有**假**先知起来，将来在你们中间，也必有**假师傅**，私自引进陷害人的异端……

从前	*cóng qián*	in the past
(在) 百姓 (中)	*(zài) bǎi xìng (zhōng)*	people
(有) **假**	*(yǒu) jiǎ*	**false**
先知	*xiān zhī*	prophet
起来	*qǐ lái*	arise
将来	*jiāng lái*	in the future
(在) 你们 (中间)	*(zài) nǐ men (zhōng jiān)*	you (plural)
(也必有) **假**	*(yě bì yǒu) jiǎ*	**false**
师傅	*shī fu*	**master**
私自	*sī zì*	secretly
引进	*yǐn jìn*	bring in
陷害	*xiàn hài*	entrap
人	*rén*	person
(的) 异端	*(de) yì duān*	heresy

约翰一书 1:5　　1 JOHN 1:5　　DEC 7 • WEEK 49 • **DAY 341**

This is the message we have heard from him and **proclaim** (报) to you, that God is light, and in him is **no** (毫无) darkness at all. (ESV)

| 毫无 | háo wú | (adv) **not at all** |
| 报 | bào | (v) **announce** |

神就是光，在他毫无黑暗。这是我们从主所听见，又报给你们的信息。

神	shén	God
(就是) 光	(jiù shì) guāng	light
(在) 他	(zài) tā	he
毫无	**háo wú**	**not at all**
黑暗	hēi àn	darkness
(这是) 我们	(zhè shì) wǒ men	we
(从) 主	(cóng) Zhǔ	Lord
(所) 听见	(suǒ) tīng jiàn	hear
(又) **报** (给)	(yòu) **bào** (gěi)	**announce**
你们的	nǐ men de	your (plural)
信息	xìn xī	message

DAY 342 • WEEK 49 • DEC 8 — 1 JOHN 1:9 — 约翰一书 1:9

If we confess our sins, he is faithful and **righteous** (公义) to forgive us our sins and to **cleanse** (洗净) us from all unrighteousness. (CSB)

| 公义 | gōng yì | (adj) righteous |
| 洗净 | xǐ jìng | (v) wash clean |

我们若认自己的罪，神是信实的，是公义的，必要赦免我们的罪，洗净我们一切的不义。

我们	wǒ men	we
(若) 认	(ruò) rèn	confess
自己的	zì jǐ de	one's own
罪	zuì	sin
神	shén	God
(是) 信实 (的)	(shì) xìn shí (de)	faithful
(是) **公义** (的)	(shì) gōng yì (de)	**righteous**
(必要) 赦免	(bì yào) shè miǎn	forgive
我们的	wǒ men de	our
罪	zuì	sin
洗净	xǐ jìng	**wash clean**
我们	wǒ men	we
一切	yī qiè	all
(的不) 义	(de bù) yì	righteous

约翰一书 2:1b — 1 JOHN 2:1b — DEC 9 • WEEK 49 • **DAY 343**

But if anyone does sin, we have an **advocate** (中保) with the Father, Jesus Christ the **righteous** (义者). (ESV)

中保	*zhōng bǎo*	(n) **mediator**
义者	*yì zhě*	(n) **righteous person**

若有人犯罪，在父那里我们有一位中保，就是那义者耶稣基督。

(若有) 人	*(ruò yǒu) rén*	person
犯罪	*fàn zuì*	sin
(在) 父 (那里)	*(zài) fù (nà lǐ)*	father
我们	*wǒ men*	we
(有一位) **中保**	*(yǒu yī wèi) zhōng bǎo*	**mediator**
(就是那) **义者**	*(jiù shì nà) yì zhě*	**righteous person**
耶稣基督	*Yē sū Jī dū*	Jesus Christ

DAY 344 • WEEK 50 • DEC 10   1 JOHN 2:17   约翰一书 2:17

And the world is passing away, and also its **lusts** (**情欲**), but the one who does the will of God **abides** (**常存**) forever. (LSB)

| 情欲 | qíng yù | (n) lust |
| 常存 | cháng cún | (v) last forever |

这世界，和其上的**情欲**，都要过去。惟独遵行神旨意的，是永远**常存**。

(这) 世界	(zhè) shì jiè	world
(和其上的) **情欲**	(hé qí shàng de) qíng yù	**lust**
(都要) 过去	(dōu yào) guò qù	pass away
惟独	wéi dú	only
遵行	zūn xíng	obey
神	shén	God
旨意 (的)	zhǐ yì (de)	will
(是) 永远	(shì) yǒng yuǎn	forever
常存	cháng cún	**last forever**

约翰一书 3:1a — 1 JOHN 3:1a — DEC 11 • WEEK 50 • DAY 345

See **what** (何等) great love the Father has lavished on us, that we should be **called** (称为) children of God! (NIV)

| 何等 | hé děng | (adv) **what kind** |
| 称为 | chēng wéi | (v) **be called** |

你看父赐给我们是**何等**的慈爱，使我们得**称为**神的儿女。

你	nǐ	you
看	kàn	see
父	fù	father
赐给	cì gěi	give
我们	wǒ men	we
(是) **何等**	(shì) hé děng	**what kind**
(的) 慈爱	(de) cí ài	love
(使) 我们	(shǐ) wǒ men	we
得	dé	receive
称为	chēng wéi	**be called**
神	shén	God
(的) 儿女	(de) ér nǚ	children

DAY 346 • WEEK 50 • DEC 12 — 1 JOHN 3:17 — 约翰一书 3:17

But if anyone has the world's **goods** (财物) and sees his brother **in need** (穷乏), yet closes his heart against him, how does God's love abide in him? (ESV)

| 财物 | cái wù | (n) belongings |
| 穷乏 | qióng fá | (v) be in state of poverty |

凡有世上**财物**的，看见弟兄**穷乏**，却塞住怜恤的心，爱神的心怎能存在他里面呢？

凡	fán	all
(有) 世 (上)	(yǒu) shì (shàng)	world
财物 (的)	**cái wù** (de)	**belongings**
看见	kàn jiàn	see
弟兄	dì xiong	brother
穷乏	**qióng fá**	**be in state of poverty**
(却) 塞 (住)	(què) sāi (zhù)	stop up
怜恤	lián xù	merciful
(的) 心	(de) xīn	heart
爱	ài	love
神	shén	God
(的) 心	(de) xīn	heart
(怎能) 存	(zěn néng) cún	keep
(在) 他 (里面呢)	(zài) tā (lǐ miàn ne)	he

约翰一书 4:9a 1 JOHN 4:9a

In this the love of God was made **manifest** (显明) among us, that God sent his only Son into the **world** (世间) … (ESV)

| 世间 | shì jiān | (n) **world** |
| 显明 | xiǎn míng | (v) **reveal** |

神差他独生子到世间来……神爱我们的心，在此就显明了。

神	shén	God
差 {差遣}	chāi	send
他	tā	he
独生子	dú shēng zǐ	only son
(到) 世间 (来)	(dào) shì jiān (lái)	**world**
神	shén	God
爱	ài	love
我们的	wǒ men de	our
心	xīn	heart
(在此就) 显明 (了)	(zài cǐ jiù) xiǎn míng (le)	**reveal**

1 JOHN 4:18 约翰一书 4:18

There is no **fear** (惧怕) in love, but **perfect** (完全) love casts out **fear** (惧怕). For **fear** (惧怕) has to do with punishment, and whoever **fears** (惧怕) has not been **perfected** (完全) in love. (ESV)

惧怕	jù pà	(n) fear
完全	wán quán	(adj) perfect

爱里没有**惧怕**：爱既**完全**。就把**惧怕**除去，因为**惧怕**里含着刑罚。**惧怕**的人在爱里未得**完全**。

爱 (里)	ài (lǐ)	love
(没有) **惧怕**	(méi yǒu) jù pà	**fear**
爱	ài	love
(既) **完全**	(jì) wán quán	**perfect**
(就把) **惧怕**	(jiù bǎ) jù pà	**fear**
除去	chú qù	remove
(因为) **惧怕** (里)	(yīn wèi) jù pà (lǐ)	**fear**
含 (着)	hán (zhe)	contain
刑罚	xíng fá	punishment
惧怕	jù pà	**fear**
(的) 人	(de) rén	person
(在) 爱 (里)	(zài) ài (lǐ)	love
(未) 得	(wèi) dé	receive
完全	wán quán	**perfect**

约翰一书 5:8 — 1 JOHN 5:8

For there are three who bear witness, the Spirit, and the **water** (水), and the **blood** (血): and the three agree in one. (ERV)

水	shuǐ	(n) **water**
血	xuè	(n) **blood**

作见证的原来有三：就是圣灵、水与血，这三样也都归于一。[145]

作	zuò	be
见证	jiàn zhèng	witness
(的) 原来	(de) yuán lái	actually
(有) 三	(yǒu) sān	three
(就是) 圣灵	(jiù shì) shèng líng	Holy Spirit
水	shuǐ	**water**
(与) 血	(yǔ) xuè	**blood**
(这) 三 (样)	(zhè) sān (yàng)	three
(也都归于) 一	(yě dōu guī yú) yī	one

---

[145] The 和合本 closely follows the ERV as its textual guide for this verse and not the KJV. The KJV text of 1 John 5:7–8 is the "Comma Johanneum" that inserts a trinitarian formula into verse 7. In a footnote for verse 7 the 中文标准译本 translates the "Comma Johanneum": 在天上做见证的有三者：父、道和圣灵；而这三者是一致的。Metzger writes, "That these words are spurious and have no right to stand in the New Testament is certain …" See Bruce M. Metzger, *A Textual Commentary on the Greek New Testament*, 2nd ed. (Stuttgart: German Bible Society, 1998), 647–648.

DAY 350 • WEEK 50 • DEC 16 — 2 JOHN 7

For many **deceivers** (迷惑) have gone out into the world, those who do not confess the coming of Jesus Christ in the flesh. Such a one is the **deceiver** (迷惑) and the **antichrist** (敌基督). (ESV)

迷惑	*mí huò*	(v) confuse
敌基督	*Dí jī dū*	(n) Antichrist

因为世上有许多**迷惑**人的出来，他们不认耶稣基督是成了肉身来的。这就是那**迷惑**人，**敌基督**的。

(因为) 世 (上)	(*yīn wèi*) *shì* (*shàng*)	world
(有) 许多	(*yǒu*) *xǔ duō*	many
迷惑	*mí huò*	**confuse**
人 (的)	*rén* (*de*)	person
出来	*chū lái*	go out
他们	*tā men*	they
(不) 认	(*bù*) *rèn*	confess
耶稣基督	*Yē sū Jī dū*	Jesus Christ
(是) 成 (了)	(*shì*) *chéng* (*le*)	become
肉身	*ròu shēn*	physical body
来 (的)	*lái* (*de*)	come
(这就是那) **迷惑**	(*zhè jiù shì nà*) *mí huò*	**confuse**
人	*rén*	person
敌基督 (的)	*Dí jī dū* (*de*)	**Antichrist**

Look to yourselves (小心), that you may not **lose** (失去) what you have worked for, but may win a full reward. (RSV)

| 小心 | xiǎo xīn | (v) **be careful** |
| 失去 | shī qù | (v) **lose** |

你们要**小心**，不要**失去**你们所作的工，乃要得着满足的赏赐。

你们	nǐ men	you (plural)
(要) **小心**	(yào) xiǎo xīn	**be careful**
(不要) **失去**	(bù yào) shī qù	**lose**
你们 [146]	nǐ men	you (plural)
(所) 作 (的)	(suǒ) zuò (de)	do
工	gōng	work
(乃要) 得 (着)	(nǎi yào) dé (zháo)	receive
满足	mǎn zú	satisfied
(的) 赏赐	(de) shǎng cì	reward

---

[146] In deciding for 你们 instead of 我们 (shown as an alternative in a parenthetical note), the 和合本 translators departed from both KJV and ERV precedent. In recent decades, New Testament textual criticism consensus has shifted from 你们 to 我们, which is evident in modern translations such as the 新译本. One can observe this shift in the editions of the Greek New Testament issued by the United Bible Societies. The first edition (1966) contains the 你们 reading εἰργάσασθε, marked in a footnote as held "with a considerable degree of doubt." The current fifth edition (2014) marks the 我们 reading εἰργασάμεθα as "almost certain." Interestingly, the Tyndale House edition (2017) of the Greek New Testament instead chooses the 你们 εἰργάσασθε reading with the 和合本 translators.

DAY 352 • WEEK 51 • DEC 18 — 3 JOHN 13 — 约翰三书 13

I had many things to write to you, but I am not **willing** (愿意) to write them to you with **pen and ink** (笔墨) ... (LSB)

| 愿意 | *yuàn yì* | (adj) **willing** |
| 笔墨 | *bǐ mò* | (n) **pen and ink** |

我原有许多事要写给你，却不愿意用笔墨写给你。

我	*wǒ*	I
(原有) 许多	*(yuán yǒu) xǔ duō*	many
事	*shì*	thing
(要) 写给	*(yào) xiě gěi*	write to
你	*nǐ*	you
(却不) 愿意	*(què bù) yuàn yì*	**willing**
用	*yòng*	use
笔墨	*bǐ mò*	**pen and ink**
写给	*xiě gěi*	write to
你	*nǐ*	you

But when the **archangel** (天使长) Michael, **contending** (争辩) with the devil, was **disputing** (争辩) about the body of Moses, he did not presume to pronounce a blasphemous judgment ... (ESV)

| 天使长 | tiān shǐ zhǎng | (n) **archangel** |
| 争辩 | zhēng biàn | (v) **dispute** |

天使长米迦勒,为摩西的尸首与魔鬼**争辩**的时候,尚且不敢用毁谤的话罪责他……

天使长	tiān shǐ zhǎng	**archangel**
米迦勒	Mǐ jiā lè	Michael
(为) 摩西	(wèi) Mó xī	Moses
(的) 尸首	(de) shī shou	corpse
(与) 魔鬼	(yǔ) mó guǐ	devil
争辩	zhēng biàn	**dispute**
的时候	de shí hòu	when
尚且	shàng qiě	still
不敢	bù gǎn	not dare
用	yòng	use
毁谤	huǐ bàng	slander
(的) 话	(de) huà	word
罪责	zuì zé	assign guilt
他	tā	he

Now to him who is able to keep you from **stumbling** (失脚) and to present you **blameless** (无瑕无疵) before the presence of his glory with great joy ... (ESV)

| 失脚 | shī jiǎo | (v) lose one's footing |
| 无瑕无疵 | wú xiá wú cī | (adj) blameless and flawless |

那能保守你们不失脚，叫你们无瑕无疵、欢欢喜喜站在他荣耀之前的……[147]

(那能) 保守	(nà néng) bǎo shǒu	preserve
你们	nǐ men	you (plural)
(不) 失脚	(bù) shī jiǎo	**lose one's footing**
(叫) 你们	(jiào) nǐ men	you (plural)
无瑕无疵 [148]	wú xiá wú cī	**blameless and flawless**
欢欢喜喜	huān huān xǐ xǐ	greatly joyful
站	zhàn	stand
(在) 他	(zài) tā	he
荣耀	róng yào	glory
(之) 前 (的)	(zhī) qián (de)	before

---

[147] In the 和合本, Jude 24 continues with 我们的救主独一的神。, which printed editions of the Greek New Testament instead assign to verse 25. Verse numbers first appeared in 1551 and are not part of the original text. See Bruce M. Metzger, *The Text of the New Testament: Its Transmission, Corruption, and Restoration*, 3rd ed. (Oxford: Oxford University Press, 1992), 104. As for verse divisions in the Old Testament, see Jordan S. Penkower, "Verse Divisions in the Hebrew Bible," *Vetus Testamentum* 50 (2000): 379–393.

[148] Variants of this expression in the 和合本 include 无瑕疵, 毫无瑕疵, 没有瑕疵, and 无有瑕疵.

REVELATION 1:8

"I am the Alpha and the Omega," says the Lord God, "who is and who **was** (昔在) and who is to come, the **Almighty** (全能者)." (ESV)

| 昔在 | xī zài | (adj) **exist in the past** |
| 全能者 | quán néng zhě | (n) **almighty** |

主神说，我是阿拉法，我是俄梅戛，是昔在今在以后永在的全能者。

主神	Zhǔ shén	the Lord God
说	shuō	say
我	wǒ	I
(是) 阿拉法 [149]	(shì) ā lā fǎ	alpha
我	wǒ	I
(是) 俄梅戛	(shì) é méi jiá	omega
(是) 昔在 [150]	(shì) xī zài	**exist in the past**
今在	jīn zài	exist in the present
以后	yǐ hòu	afterward
永在	yǒng zài	exist in the future
(的) 全能者	(de) quán néng (zhě)	**almighty**

[149] The 和合本 Greek letter names 阿拉法 "alpha" and 俄梅戛 "omega" are accepted elements of Christian vocabulary. However, in China there is now a modern standard for transliterating the Greek alphabet letter names, including 阿尔法 and 奥密伽. See "*Xi la zi mu de han zi gui fan yi yin*," (in Chinese) *China Terminology* 5/3 (2003): 9.

[150] The past, present, future sequence in the 和合本 makes chronological sense, but the order in the Greek New Testament is instead present, past, future, as in the 吕振中 translation: 今在昔在、以后永在.

DAY 356 • WEEK 51 • DEC 22 — REVELATION 3:20a — 启示录 3:20a

Behold, I stand at the door and **knock** (叩门). If anyone hears my voice and **opens the door** (开门), I will come in to him … (ESV)

叩门	kòu mén	(v) **knock upon a door**
开门	kāi mén	(v) **open a door**

看哪，我站在门外**叩门**，若有听见我声音就**开门**的，我要进到他那里去……

看哪	kàn na	Look!
我	wǒ	I
站	zhàn	stand
(在) 门 (外)	(zài) mén (wài)	door
叩门	kòu mén	**knock upon a door**
(若有) 听见	(ruò yǒu) tīng jiàn	hear
我	wǒ	I
声音	shēng yīn	voice
(就) **开门** (的)	(jiù) kāi mén (de)	**open a door**
我	wǒ	I
(要) 进 (到)	(yào) jìn (dào)	enter
他 (那里)	tā (nà lǐ)	he
去	qù	go

启示录 4:11a   REVELATION 4:11a   DEC 23 • WEEK 51 • **DAY 357**

"**Worthy** (配得) are you, our Lord and God, to receive glory and honor and power, for you created **all things** (万物)…" (ESV)

| 配得 | pèi dé | (adj) worthy |
| 万物 | wàn wù | (n) all things |

我们的主，我们的神，你是配得荣耀、尊贵、权柄的，因为你创造了万物……

我们的	wǒ men de	our
主	Zhǔ	Lord
我们的	wǒ men de	our
神	shén	God
你	nǐ	you
(是) 配得	(shì) pèi dé	**worthy**
荣耀	róng yào	glory
尊贵	zūn guì	honor
权柄 (的)	quán bǐng (de)	power
(因为) 你	(yīn wèi) nǐ	you
创造 (了)	(chuàng zào) le	created
万物	wàn wù	**all things**

DAY 358 • WEEK 52 • DEC 24 — REVELATION 5:12 — 启示录 5:12

They said with a loud voice, Worthy is the Lamb who was slaughtered to receive power and riches and **wisdom** (**智慧**) and strength and **honor** (**尊贵**) and glory and blessing! (CSB)

| 智慧 | zhì huì | (n) wisdom |
| 尊贵 | zūn guì | (n) honor |

大声说:"曾被杀的羔羊是配得权柄、丰富、**智慧**、能力、**尊贵**、荣耀、颂赞的。

大声	dà shēng	loud voice
说	shuō	say
(曾被) 杀	(céng bèi) shā	kill
(的) 羔羊	(de) gāo yáng	lamb
(是) 配得	(shì) pèi dé	worthy
权柄	quán bǐng	authority
丰富	fēng fù	abundance
智慧	zhì huì	**wisdom**
能力	néng lì	power
尊贵	zūn guì	**honor**
荣耀	róng yào	glory
颂赞 (的)	sòng zàn (de)	praise

启示录 7:12 — REVELATION 7:12 — DEC 25 • WEEK 52 • DAY 359

… saying, "**Amen** (阿们)! **Blessing** (颂赞) and glory and wisdom and thanksgiving and honor and power and might be to our God forever and ever! **Amen** (阿们)." (ESV)

| 阿们 | ā men | (interjection) **Amen** |
| 颂赞 | sòng zàn | (n) **praise** |

说:"阿们！颂赞、荣耀、智慧、感谢、尊贵、权柄、大力都归与我们的神，直到永永远远。阿们！"

说	shuō	say
阿们	ā men	**Amen**
颂赞	sòng zàn	**praise**
荣耀	róng yào	glory
智慧	zhì huì	wisdom
感谢	gǎn xiè	thanks
尊贵	zūn guì	honor
权柄	quán bǐng	authority
大力	dà lì	might
(都归与) 我们的	(dōu guī yǔ) wǒ men de	our
神	shén	God
直到	zhí dào	until
永永远远	yǒng yǒng yuǎn yuǎn	forever
阿们	ā men	**Amen**

REVELATION 21:4 — 启示录 21:4

He will **wipe away** (**擦去**) every **tear** (**眼泪**) from their eyes, and death shall be no more, neither shall there be mourning, nor crying, nor pain anymore, for the former things have passed away. (ESV)

| 擦去 | cā qù | (v) **wipe away** |
| 眼泪 | yǎn lèi | (n) **tear** |

神要**擦去**他们一切的**眼泪**，不再有死亡，也不再有悲哀、哭号、疼痛，因为以前的事都过去了。

神	shén	God
(要) **擦去**	(yào) cā qù	**wipe away**
他们	tā men	they
一切	yī qiè	all
(的) **眼泪**	(de) yǎn lèi	**tear**
(不再有) 死亡	(bù zài yǒu) sǐ wáng	death
(也不再有) 悲哀	(yě bù zài yǒu) bēi āi	sorrow
哭号	kū hào	crying
疼痛	téng tòng	pain
(因为) 以前	(yīn wèi) yǐ qián	former
(的) 事	(de) shì	thing
(都) 过去 (了)	(dōu) guò qù (le)	pass away

REVELATION 21:5

And he who was seated on the throne said, "Behold, I am making all things new." Also he said, "Write this down, for these words are **trustworthy** (可信) and **true** (真实)." (ESV)

| 可信 | kě xìn | (adj) trustworthy |
| 真实 | zhēn shí | (adj) true |

坐宝座的说:"看哪,我将一切都更新了。"又说:"你要写上,因这些话是**可信**的,是**真实**的。"

坐	zuò	sit
宝座 (的)	bǎo zuò (de)	throne
说	shuō	say
看哪	kàn na	Look!
我	wǒ	I
(将) 一切	(jiāng) yī qiè	all
(都) 更新 (了)	(dōu) gēng xīn (le)	renew
(又) 说	(yòu) shuō	say
你	nǐ	you
(要) 写 (上)	(yào) xiě (shàng)	write
(因这些) 话	(yīn zhè xiē) huà	word
(是) 可信 (的)	(shì) kě xìn (de)	**trustworthy**
(是) 真实 (的)	(shì) zhēn shí (de)	**true**

REVELATION 22:12 启示录 22:12

Behold, I am **coming soon** (**快来**), bringing my recompense with me, to **repay** (**报应**) each one for what he has done. (ESV)

| 快来 | kuài lái | (v) come soon |
| 报应 | bào yìng | (v) bring divine retribution |

看哪，我必**快来**。赏罚在我，要照各人所行的**报应**他。

看哪	kàn na	Look!
我	wǒ	I
(必) **快来**	(bì) kuài lái	**come soon**
赏罚	shǎng fá	reward and punishment
(在) 我	(zài) wǒ	I
(要) 照	(yào) zhào	according to
各人	gè rén	everyone
(所) 行 (的)	(suǒ) xíng (de)	do
报应	bào yìng	**bring divine retribution**
他	tā	he

启示录 22:13 — REVELATION 22:13 — DEC 29 • WEEK 52 • DAY 363

"I am the Alpha and the Omega, the **first** (首先) and the **last** (末后), the beginning and the end." (ESV)

| 首先 | shǒu xiān | (adj) **first** |
| 末后 | mò hòu | (adj) **last** |

我是阿拉法，我是俄梅戛；我是**首先**的，我是**末后**的；我是初，我是终。

我	wǒ	I
(是) 阿拉法	(shì) ā lā fǎ	alpha
我	wǒ	I
(是) 俄梅戛	(shì) é méi jiá	omega
我	wǒ	I
(是) **首先** (的)	(shì) shǒu xiān (de)	**first**
我	wǒ	I
(是) **末后** (的)	(shì) mò hòu (de)	**last**
我	wǒ	I
(是) 初	(shì) chū	beginning
我	wǒ	I
(是) 终	(shì) zhōng	end

DAY 364 · WEEK 52 · DEC 30 — REVELATION 22:17a — 启示录 22:17a

The Spirit and the **Bride** (新妇) say, "Come." And let the one who hears say, "Come." And let the one who is **thirsty** (口渴) come … (ESV)

| 新妇 | *xīn fù* | (n) bride |
| 口渴 | *kǒu kě* | (adj) thirsty |

圣灵和新妇都说:"来!"听见的人也该说:"来。"口渴的人也当来……

圣灵	*shèng líng*	Holy Spirit
(和) 新妇	(*hé*) *xīn fù*	**bride**
(都) 说	(*dōu*) *shuō*	say
来	*lái*	come
听见	*tīng jiàn*	hear
(的) 人	(*de*) *rén*	person
(也该) 说	(*yě gāi*) *shuō*	say
来	*lái*	come
口渴	*kǒu kě*	**thirsty**
(的) 人	(*de*) *rén*	person
(也当) 来	(*yě dāng*) *lái*	come

启示录 22:20 — REVELATION 22:20 — DEC 31 • LAST DAY • DAY 365

He who **testifies** (证明) to these things says, "Surely I am coming soon." Amen. Come, Lord Jesus! (ESV)

证明	zhèng míng	(v) **testify**
愿	yuàn	(v) **desire**

证明这事的说:"是了,我必快来。"阿们!主耶稣啊,我**愿**你来!

证明	zhèng míng	**testify**
(这) 事 (的)	(zhè) shì (de)	thing
说	shuō	say
是 (了)	shì (le)	be
我	wǒ	I
(必) 快来	(bì) kuài lái	come soon
阿们	ā men	Amen
主	Zhǔ	Lord
耶稣 (啊)	Yē sū (a)	Jesus
我 [151]	wǒ	I
愿	yuàn	**desire**
你	nǐ	you
来	lái	come

---

[151] In context it is clear that the identity of this 我 is different from the one earlier in the verse. That said, it is not necessary to emphasize the author's narrative voice with a pronoun. For example, the 吕振中 translation of this phrase is the same, but the 我 is not present: 主耶稣啊,愿你来!

BASICS OF TONE SANDHI FOR ASSOCIATED CHARACTERS

① **SEQUENCE OF TWO THIRD TONES**
A sequence of third-third tones becomes second-third.

	written	pronounced
彼此	*bǐ cǐ*	***bí cǐ***

② 不 *bù*

Pronounce 不 with a second tone (*bú*) before a following fourth tone syllable.

	written	pronounced
不是	*bù shì*	***bú shì***

③ 一 *yī*

Pronounce 一 with a second tone (*yí*) before a following fourth tone syllable.

	written	pronounced
一个	*yī gè*	***yí gè***

NAMES OF BOOKS OF THE BIBLE WITH ABBREVIATIONS

OLD TESTAMENT

Genesis	创世记	*Chuàng shì jì*	创
Exodus	出埃及记	*Chū āi jí jì*	出
Leviticus	利未记	*Lì wèi jì*	利
Numbers	民数记	*Mín shù jì*	民
Deuteronomy	申命记	*Shēn mìng jì*	申
Joshua	约书亚记	*Yuē shū yà jì*	书
Judges	士师记	*Shì shī jì*	士
Ruth	路得记	*Lù dé jì*	得
1 Samuel	撒母耳记上	*Sā mǔ ěr jì shàng*	撒上
2 Samuel	撒母耳记下	*Sā mǔ ěr jì xià*	撒下
1 Kings	列王纪上	*Liè wáng jì shàng*	王上
2 Kings	列王纪下	*Liè wáng jì xià*	王下
1 Chronicles	历代志上	*Lì dài zhì shàng*	代上
2 Chronicles	历代志下	*Lì dài zhì xià*	代下
Ezra	以斯拉记	*Yǐ sī lā jì*	拉
Nehemiah	尼希米记	*Ní xī mǐ jì*	尼
Esther	以斯帖记	*Yǐ sī tiě jì*	斯
Job	约伯记	*Yuē bó jì*	伯
Psalms	诗篇	*Shī piān*	诗
Proverbs	箴言	*Zhēn yán*	箴
Ecclesiastes	传道书	*Chuán dào shū*	传
Song of Songs	雅歌	*Yǎ gē*	歌
Isaiah	以赛亚书	*Yǐ sài yà shū*	赛
Jeremiah	耶利米书	*Yē lì mǐ shū*	耶
Lamentations	耶利米哀歌	*Yē lì mǐ āi gē*	哀
Ezekiel	以西结书	*Yǐ xī jié shū*	结
Daniel	但以理书	*Dàn yǐ lǐ shū*	但
Hosea	何西阿书	*Hé xī ā shū*	何
Joel	约珥书	*Yuē ěr shū*	珥
Amos	阿摩司书	*Ā mó sī shū*	摩

NAMES OF BOOKS OF THE BIBLE WITH ABBREVIATIONS

OLD TESTAMENT, CONTINUED

Obadiah	俄巴底亚书	*É bā dǐ yà shū*	俄
Jonah	约拿书	*Yuē ná shū*	拿
Micah	弥迦书	*Mí jiā shū*	弥
Nahum	那鸿书	*Nà hóng shū*	鸿
Habakkuk	哈巴谷书	*Hā bā gǔ shū*	哈
Zephaniah	西番雅书	*Xī fān yǎ shū*	番
Haggai	哈该书	*Hā gāi shū*	该
Zechariah	撒迦利亚书	*Sā jiā lì yà shū*	亚
Malachi	玛拉基书	*Mǎ lā jī shū*	玛

NEW TESTAMENT

Matthew	马太福音	*Mǎ tài fú yīn*	太
Mark	马可福音	*Mǎ kě fú yīn*	可
Luke	路加福音	*Lù jiā fú yīn*	路
John	约翰福音	*Yuē hàn fú yīn*	约
Acts	使徒行传	*Shǐ tú xíng zhuàn*	徒
Romans	罗马书	*Luó mǎ shū*	罗
1 Corinthians	哥林多前书	*Gē lín duō qián shū*	林前
2 Corinthians	哥林多后书	*Gē lín duō hòu shū*	林后
Galatians	加拉太书	*Jiā lā tài shū*	加
Ephesians	以弗所书	*Yǐ fú suǒ shū*	弗
Philippians	腓立比书	*Fēi lì bǐ shū*	腓
Colossians	歌罗西书	*Gē luó xī shū*	西
1 Thessalonians	帖撒罗尼迦前书	*Tiě sā luó ní jiā qián shū*	帖前
2 Thessalonians	帖撒罗尼迦后书	*Tiě sā luó ní jiā hòu shū*	帖后
1 Timothy	提摩太前书	*Tí mó tài qián shū*	提前
2 Timothy	提摩太后书	*Tí mó tài hòu shū*	提后
Titus	提多书	*Tí duō shū*	多
Philemon	腓利门书	*Fēi lì mén shū*	门
Hebrews	希伯来书	*Xī bó lái shū*	来

NAMES OF BOOKS OF THE BIBLE WITH ABBREVIATIONS

NEW TESTAMENT, CONTINUED

James	雅各书	*Yǎ gè shū*	雅
1 Peter	彼得前书	*Bǐ dé qián shū*	彼前
2 Peter	彼得后书	*Bǐ dé hòu shū*	彼后
1 John	约翰一书	*Yuē hàn yī shū*	约一
2 John	约翰二书	*Yuē hàn èr shū*	约二
3 John	约翰三书	*Yuē hàn sān shū*	约三
Jude	犹大书	*Yóu dà shū*	犹
Revelation	启示录	*Qǐ shì lù*	启

SCRIPTURE PASSAGES AND VOCABULARY TERMS

#	Passage	经文	Term 1	Term 2
1	Genesis 1:1	创世记 1:1	神	天地
2	Genesis 1:5	创世记 1:5	晚上	早晨
3	Genesis 1:26a	创世记 1:26a	形像	样式
4	Genesis 1:27	创世记 1:27	照着	乃是
5	Genesis 2:7a	创世记 2:7a	耶和华	尘土
6	Genesis 3:15a	创世记 3:15a	仇	后裔
7	Genesis 6:8	创世记 6:8	惟有	眼中
8	Genesis 12:3a	创世记 12:3a	祝福	咒诅
9	Genesis 15:6	创世记 15:6	信	义
10	Genesis 17:7a	创世记 17:7a	坚立	永恒
11	Genesis 18:14a	创世记 18:14a	岂有	难成
12	Genesis 22:18	创世记 22:18	地上	万国
13	Genesis 28:15	创世记 28:15	同在	应许
14	Genesis 32:28	创世记 32:28	以色列	得胜
15	Genesis 37:3	创世记 37:3	过于	彩衣
16	Genesis 38:15	创世记 38:15	妓女	脸
17	Genesis 45:7	创世记 45:7	拯救	保全
18	Genesis 50:25	创世记 50:25	看顾	搬
19	Exodus 3:14	出埃及记 3:14	自有永有	打发
20	Exodus 12:13a	出埃及记 12:13a	记号	越过
21	Exodus 14:14	出埃及记 14:14	争战	静默
22	Exodus 19:5a	出埃及记 19:5a	如今	听从
23	Exodus 20:4	出埃及记 20:4	偶像	仿佛
24	Exodus 20:12	出埃及记 20:12	孝敬	长久
25	Exodus 33:14	出埃及记 33:14	亲自	安息
26	Exodus 33:19b	出埃及记 33:19b	恩待	怜悯
27	Exodus 34:28b	出埃及记 34:28b	十诫	版
28	Leviticus 4:16	利未记 4:16	受膏	会幕
29	Leviticus 19:2	利未记 19:2	会众	圣洁
30	Leviticus 26:3	利未记 26:3	谨守	诫命
31	Leviticus 26:12	利未记 26:12	行走	子民
32	Numbers 1:1	民数记 1:1	旷野	晓谕
33	Numbers 14:18a	民数记 14:18a	发怒	罪孽
34	Numbers 14:21	民数记 14:21	起誓	充满
35	Numbers 23:19a	民数记 23:19a	说谎	后悔
36	Numbers 23:23a	民数记 23:23a	法术	占卜
37	Deuteronomy 1:23	申命记 1:23	选	支派
38	Deuteronomy 4:31b	申命记 4:31b	总	灭绝
39	Deuteronomy 6:4	申命记 6:4	独一	主
40	Deuteronomy 8:3a	申命记 8:3a	饥饿	吗哪
41	Deuteronomy 26:5	申命记 26:5	祖	寄居
42	Deuteronomy 30:19a	申命记 30:19a	生死	祸福
43	Joshua 1:5b	约书亚记 1:5b	撇下	丢弃
44	Joshua 1:8a	约书亚记 1:8a	昼夜	思想
45	Joshua 1:9a	约书亚记 1:9a	刚强	壮胆
46	Joshua 24:15	约书亚记 24:15	至于	事奉
47	Judges 2:18a	士师记 2:18a	士师	脱离
48	Judges 6:24a	士师记 6:24a	筑	坛
49	Judges 21:25	士师记 21:25	各人	任意
50	Ruth 1:16a	路得记 1:16a	催	住宿

SCRIPTURE PASSAGES AND VOCABULARY TERMS

51	1 Samuel 2:2	撒母耳记上 2:2	除……以外	可比
52	1 Samuel 16:7b	撒母耳记上 16:7b	外貌	内心
53	1 Samuel 17:45b	撒母耳记上 17:45b	攻击	万军
54	2 Samuel 6:17a	撒母耳记下 6:17a	约柜	帐幕
55	2 Samuel 7:14a	撒母耳记下 7:14a	子	犯罪
56	2 Samuel 22:2	撒母耳记下 22:2	岩石	山寨
57	1 Kings 2:1	列王纪上 2:1	临近	嘱咐
58	1 Kings 3:9a	列王纪上 3:9a	判断	辨别
59	1 Kings 8:25	列王纪上 8:25	谨慎	行为
60	1 Kings 8:54	列王纪上 8:54	屈膝	举手
61	1 Kings 10:23	列王纪上 10:23	财宝	胜过
62	2 Kings 19:14	列王纪下 19:14	书信	展开
63	1 Chronicles 16:8	历代志上 16:8	称谢	传扬
64	1 Chronicles 16:9	历代志上 16:9	唱诗	歌颂
65	1 Chronicles 29:11a	历代志上 29:11a	尊大	强胜
66	2 Chronicles 16:9a	历代志下 16:9a	眼目	全地
67	2 Chronicles 20:15b	历代志下 20:15b	恐惧	胜败
68	Ezra 7:10	以斯拉记 7:10	考究	教训
69	Nehemiah 2:18b	尼希米记 2:18b	建造	奋勇
70	Job 1:21a	约伯记 1:21a	赤身	母胎
71	Job 5:8	约伯记 5:8	事情	托付
72	Job 19:25	约伯记 19:25	救赎主	末了
73	Job 42:5	约伯记 42:5	风闻	看见
74	Psalm 1:1	诗篇 1:1	计谋	座位
75	Psalm 4:8	诗篇 4:8	安然	睡觉
76	Psalm 7:12	诗篇 7:12	回头	弓
77	Psalm 16:8	诗篇 16:8	摆	摇动
78	Psalm 17:8	诗篇 17:8	隐藏	翅膀
79	Psalm 18:39	诗篇 18:39	束	腰
80	Psalm 19:1	诗篇 19:1	诸天	手段
81	Psalm 19:14	诗篇 19:14	磐石	悦纳
82	Psalm 23:1	诗篇 23:1	牧者	缺乏
83	Psalm 23:4	诗篇 23:4	幽谷	遭害
84	Psalm 24:7	诗篇 24:7	城门	抬起
85	Psalm 30:5	诗篇 30:5	一宿	哭泣
86	Psalm 32:7	诗篇 32:7	藏身之处	保佑
87	Psalm 33:4	诗篇 33:4	正直	凡
88	Psalm 34:1	诗篇 34:1	常在	口
89	Psalm 34:8	诗篇 34:8	滋味	投靠
90	Psalm 35:6	诗篇 35:6	暗	滑
91	Psalm 35:22	诗篇 35:22	啊	闭口
92	Psalm 40:1	诗篇 40:1	耐性	垂听
93	Psalm 46:1	诗篇 46:1	避难所	随时
94	Psalm 46:10	诗篇 46:10	休息	外邦
95	Psalm 47:1	诗篇 47:1	拍掌	声音
96	Psalm 48:2	诗篇 48:2	君王	喜悦
97	Psalm 55:22	诗篇 55:22	卸	抚养
98	Psalm 56:13	诗篇 56:13	死亡	跌倒
99	Psalm 57:4a	诗篇 57:4a	狮子	躺卧
100	Psalm 73:26	诗篇 73:26	肉体	福分

SCRIPTURE PASSAGES AND VOCABULARY TERMS

101	Psalm 82:1	诗篇 82:1	权力	会
102	Psalm 90:2	诗篇 90:2	世界	亘古
103	Psalms 91:1	诗篇 91:1	隐密	荫
104	Psalm 92:10	诗篇 92:10	角	油
105	Psalm 97:10	诗篇 97:10	恨恶	罪恶
106	Psalm 100:1	诗篇 100:1	普天下	欢呼
107	Psalm 102:2a	诗篇 102:2a	侧耳	掩面
108	Psalm 102:20	诗篇 102:20	囚	释放
109	Psalm 104:12	诗篇 104:12	飞鸟	树枝
110	Psalm 107:4	诗篇 107:4	漂流	城邑
111	Psalm 109:2	诗篇 109:2	撒谎	舌头
112	Psalm 119:11	诗篇 119:11	藏	得罪
113	Psalm 119:18	诗篇 119:18	开	律法
114	Psalm 119:105	诗篇 119:105	脚	灯
115	Psalm 121:1	诗篇 121:1	举目	何
116	Psalm 122:6	诗篇 122:6	必然	兴旺
117	Psalm 127:1a	诗篇 127:1a	房屋	劳力
118	Psalm 128:3b	诗篇 128:3b	围绕	桌子
119	Psalm 139:23	诗篇 139:23	鉴察	心思
120	Psalm 142:1	诗篇 142:1	哀告	恳求
121	Psalm 145:3	诗篇 145:3	本为	测度
122	Psalm 147:3	诗篇 147:3	伤心	裹
123	Proverbs 1:7	箴言 1:7	开端	愚妄
124	Proverbs 3:3	箴言 3:3	系	刻
125	Proverbs 3:5	箴言 3:5	仰赖	聪明
126	Proverbs 3:6	箴言 3:6	认定	指引
127	Proverbs 4:23	箴言 4:23	果效	发出
128	Proverbs 15:1	箴言 15:1	消退	触动
129	Proverbs 16:3	箴言 16:3	交托	谋
130	Proverbs 17:17	箴言 17:17	朋友	患难
131	Proverbs 18:10	箴言 18:10	台	安稳
132	Proverbs 22:6	箴言 22:6	教养	偏离
133	Proverbs 31:10	箴言 31:10	才德	珍珠
134	Ecclesiastes 1:14	传道书 1:14	虚空	捕
135	Ecclesiastes 3:1	传道书 3:1	定期	定时
136	Ecclesiastes 12:1a	传道书 12:1a	趁	记念
137	Song of Songs 8:6a	雅歌 8:6a	印记	坚强
138	Isaiah 1:18a	以赛亚书 1:18a	辩论	雪白
139	Isaiah 6:8b	以赛亚书 6:8b	差遣	这里
140	Isaiah 7:14	以赛亚书 7:14	兆头	以马内利
141	Isaiah 9:6a	以赛亚书 9:6a	婴孩	政权
142	Isaiah 9:14	以赛亚书 9:14	头	尾
143	Isaiah 25:1a	以赛亚书 25:1a	尊崇	称赞
144	Isaiah 26:3	以赛亚书 26:3	坚心	十分
145	Isaiah 30:15b	以赛亚书 30:15b	平静	不肯
146	Isaiah 40:1	以赛亚书 40:1	安慰	百姓
147	Isaiah 40:8	以赛亚书 40:8	枯干	立定
148	Isaiah 40:11a	以赛亚书 40:11a	牧养	聚集
149	Isaiah 40:31b	以赛亚书 40:31b	鹰	奔跑
150	Isaiah 41:1	以赛亚书 41:1	海岛	彼此

SCRIPTURE PASSAGES AND VOCABULARY TERMS

151	Isaiah 42:1	以赛亚书 42:1	仆人	扶持
152	Isaiah 43:2	以赛亚书 43:2	经过	江河
153	Isaiah 45:23b	以赛亚书 45:23b	跪拜	凭
154	Isaiah 53:5b	以赛亚书 53:5b	刑罚	鞭伤
155	Isaiah 53:6	以赛亚书 53:6	走迷	偏
156	Isaiah 55:6	以赛亚书 55:6	寻找	求告
157	Isaiah 55:7	以赛亚书 55:7	离弃	除掉
158	Isaiah 61:1a	以赛亚书 61:1a	膏	信息
159	Isaiah 64:8	以赛亚书 64:8	泥	窑匠
160	Jeremiah 1:5a	耶利米书 1:5a	晓得	分别为圣
161	Jeremiah 12:7	耶利米书 12:7	殿宇	产业
162	Jeremiah 20:9	耶利米书 20:9	似乎	骨
163	Jeremiah 29:11	耶利米书 29:11	意念	灾祸
164	Jeremiah 31:2	耶利米书 31:2	如此	刀剑
165	Jeremiah 32:17	耶利米书 32:17	伸出	膀臂
166	Jeremiah 33:3	耶利米书 33:3	应允	指示
167	Lamentations 1:19a	耶利米哀歌 1:19a	招呼	亲爱
168	Lamentations 3:25	耶利米哀歌 3:25	寻求	施恩
169	Ezekiel 7:2	以西结书 7:2	结局	四境
170	Ezekiel 36:26b	以西结书 36:26b	石心	肉心
171	Daniel 3:17	但以理书 3:17	侍奉	烈火的窑
172	Daniel 5:10	但以理书 5:10	太后	万岁
173	Daniel 7:13	但以理书 7:13	人子	亘古常在者
174	Hosea 5:1a	何西阿书 5:1a	祭司	留心
175	Joel 2:13a	约珥书 2:13a	撕裂	归向
176	Amos 3:3	阿摩司书 3:3	同心	同行
177	Obadiah 10	俄巴底亚书 10	强暴	遮盖
178	Jonah 2:2	约拿书 2:2	遭遇	阴间
179	Micah 5:15	弥迦书 5:15	怒气	忿怒
180	Nahum 1:7	那鸿书 1:7	日子	保障
181	Habakkuk 3:19a	哈巴谷书 3:19a	鹿	高处
182	Zephaniah 3:1	西番雅书 3:1	悖逆	污秽
183	Haggai 1:4	哈该书 1:4	仍然	天花板
184	Zechariah 12:10b	撒迦利亚书 12:10b	扎	悲哀
185	Malachi 3:6	玛拉基书 3:6	改变	灭亡
186	Malachi 4:6	玛拉基书 4:6	转向	免得
187	Matthew 1:21	马太福音 1:21	生	耶稣
188	Matthew 5:3	马太福音 5:3	虚心	天国
189	Matthew 5:5	马太福音 5:5	温柔	承受
190	Matthew 5:7	马太福音 5:7	怜恤	蒙
191	Matthew 5:9	马太福音 5:9	和睦	儿子
192	Matthew 5:13a	马太福音 5:13a	盐	味
193	Matthew 5:24	马太福音 5:24	礼物	和好
194	Matthew 6:5b	马太福音 6:5b	十字路口	故意
195	Matthew 6:12	马太福音 6:12	债	如同
196	Matthew 7:6	马太福音 7:6	狗	猪
197	Matthew 8:3	马太福音 8:3	摸	麻疯
198	Matthew 9:1	马太福音 9:1	船	渡过
199	Matthew 9:27	马太福音 9:27	瞎子	喊叫
200	Matthew 11:29	马太福音 11:29	负	轭

SCRIPTURE PASSAGES AND VOCABULARY TERMS

201	Matthew 12:1	马太福音 12:1	安息日	麦穗
202	Matthew 18:20	马太福音 18:20	奉	聚会
203	Matthew 28:19	马太福音 28:19	门徒	施浸
204	Mark 1:16	马可福音 1:16	网	鱼
205	Mark 8:34b	马可福音 8:34b	舍己	背
206	Mark 10:4	马可福音 10:4	休书	休妻
207	Mark 10:45	马可福音 10:45	并且	赎价
208	Mark 11:21	马可福音 11:21	拉比	无花果
209	Luke 1:50	路加福音 1:50	敬畏	世代
210	Luke 2:11	路加福音 2:11	救主	基督
211	Luke 3:23a	路加福音 3:23a	传道	年纪
212	Luke 5:12b	路加福音 5:12b	俯伏	洁净
213	Luke 7:37	路加福音 7:37	罪人	坐席
214	Luke 11:13	路加福音 11:13	天父	圣灵
215	Luke 12:32	路加福音 12:32	群	赐给
216	Luke 15:7b	路加福音 15:7b	欢喜	较比
217	Luke 17:2	路加福音 17:2	磨石	颈项
218	John 1:1	约翰福音 1:1	太初	道
219	John 1:12	约翰福音 1:12	接待	权柄
220	John 3:3	约翰福音 3:3	实在	重生
221	John 3:16	约翰福音 3:16	甚至	独生子
222	John 4:11	约翰福音 4:11	井	活水
223	John 6:35	约翰福音 6:35	粮	渴
224	John 8:12	约翰福音 8:12	众人	黑暗
225	John 10:10	约翰福音 10:10	杀害	丰盛
226	John 10:11	约翰福音 10:11	牧人	舍命
227	John 11:25	约翰福音 11:25	复活	生命
228	John 12:5	约翰福音 12:5	银子	穷
229	John 13:1	约翰福音 13:1	逾越节	既然
230	John 14:6	约翰福音 14:6	道路	藉着
231	John 14:15	约翰福音 14:15	遵守	命令
232	John 15:5a	约翰福音 15:5a	葡萄树	枝子
233	John 15:18	约翰福音 15:18	恨	已经
234	John 16:2	约翰福音 16:2	赶出	会堂
235	John 16:13	约翰福音 16:13	引导	明白
236	John 20:11	约翰福音 20:11	坟墓	低头
237	Acts 1:8b	使徒行传 1:8b	地极	见证
238	Acts 2:38a	使徒行传 2:38a	悔改	受浸
239	Acts 4:4	使徒行传 4:4	男丁	约
240	Acts 11:3	使徒行传 11:3	割礼	一同
241	Romans 1:16	罗马书 1:16	福音	大能
242	Romans 3:6	罗马书 3:6	断乎不是	审判
243	Romans 5:1	罗马书 5:1	称义	相和
244	Romans 6:5	罗马书 6:5	形状	联合
245	Romans 6:12	罗马书 6:12	顺从	私欲
246	Romans 7:24	罗马书 7:24	苦	身体
247	Romans 8:15	罗马书 8:15	害怕	阿爸
248	Romans 8:28	罗马书 8:28	万事	益处
249	Romans 8:31	罗马书 8:31	既是	敌挡
250	Romans 8:38	罗马书 8:38	深信	掌权

SCRIPTURE PASSAGES AND VOCABULARY TERMS

251	Romans 8:39a	罗马书 8:39a	受造之物	隔绝	
252	Romans 9:6	罗马书 9:6	话	落空	
253	Romans 9:14	罗马书 9:14	难道	公平	
254	Romans 12:1a	罗马书 12:1a	献上	活祭	
255	Romans 12:2	罗马书 12:2	更新	变化	
256	Romans 12:11	罗马书 12:11	殷勤	服事	
257	Romans 15:7	罗马书 15:7	接纳	归与	
258	Romans 16:17	罗马书 16:17	留意	躲避	
259	1 Corinthians 1:18	哥林多前书 1:18	十字架	愚拙	
260	1 Corinthians 2:9	哥林多前书 2:9	预备	眼睛	
261	1 Corinthians 3:2	哥林多前书 3:2	奶	喂	
262	1 Corinthians 4:1	哥林多前书 4:1	奥秘	管家	
263	1 Corinthians 5:1	哥林多前书 5:1	淫乱	连……也	
264	1 Corinthians 10:31	哥林多前书 10:31	吃	喝	
265	1 Corinthians 12:12	哥林多前书 12:12	身子	肢体	
266	1 Corinthians 13:4	哥林多前书 13:4	嫉妒	自夸	
267	1 Corinthians 15:58a	哥林多前书 15:58a	坚固	竭力	
268	1 Corinthians 16:13	哥林多前书 16:13	稳	丈夫	
269	2 Corinthians 1:1a	哥林多后书 1:1a	使徒	兄弟	
270	2 Corinthians 4:7	哥林多后书 4:7	宝贝	瓦器	
271	2 Corinthians 4:16	哥林多后书 4:16	丧胆	毁坏	
272	2 Corinthians 5:17	哥林多后书 5:17	新造	旧事	
273	2 Corinthians 6:1	哥林多后书 6:1	同工	恩典	
274	2 Corinthians 12:9a	哥林多后书 12:9a	够用	软弱	
275	Galatians 2:20a	加拉太书 2:20a	钉	活	
276	Galatians 5:22	加拉太书 5:22	果子	仁爱	
277	Galatians 6:2	加拉太书 6:2	重担	担当	
278	Galatians 6:9	加拉太书 6:9	丧志	灰心	
279	Ephesians 1:7	以弗所书 1:7	救赎	过犯	
280	Ephesians 2:8	以弗所书 2:8	本乎	出于	
281	Ephesians 4:3	以弗所书 4:3	保守	合而为一	
282	Ephesians 4:32	以弗所书 4:32	恩慈	饶恕	
283	Ephesians 5:1	以弗所书 5:1	效法	儿女	
284	Ephesians 5:2	以弗所书 5:2	正如	馨香	
285	Ephesians 6:10	以弗所书 6:10	靠	倚赖	
286	Ephesians 6:11	以弗所书 6:11	穿戴	军装	
287	Philippians 1:3	腓立比书 1:3	想念	感谢	
288	Philippians 1:22	腓立比书 1:22	工夫	该	
289	Philippians 2:3	腓立比书 2:3	结党	谦卑	
290	Philippians 2:13	腓立比书 2:13	立志	美意	
291	Philippians 2:27a	腓立比书 2:27a	病	几乎	
292	Philippians 3:13b	腓立比书 3:13b	忘记	努力	
293	Philippians 3:19	腓立比书 3:19	沉沦	肚腹	
294	Philippians 4:9a	腓立比书 4:9a	学习	领受	
295	Philippians 4:13	腓立比书 4:13	力量	作	
296	Philippians 4:19	腓立比书 4:19	丰富	充足	
297	Colossians 1:15	歌罗西书 1:15	爱子	首生	
298	Colossians 3:12	歌罗西书 3:12	选民	谦虚	
299	Colossians 4:8	歌罗西书 4:8	特意	光景	
300	1 Thessalonians 2:17	帖撒罗尼迦前书 2:17	暂时	离别	

SCRIPTURE PASSAGES AND VOCABULARY TERMS

#	Passage	Passage (CN)	Term 1	Term 2
301	1 Thessalonians 4:13	帖撒罗尼迦前书 4:13	论到	忧伤
302	1 Thessalonians 5:11	帖撒罗尼迦前书 5:11	互相	建立
303	1 Thessalonians 5:18	帖撒罗尼迦前书 5:18	谢恩	旨意
304	2 Thessalonians 2:2	帖撒罗尼迦后书 2:2	言语	冒
305	2 Thessalonians 2:6	帖撒罗尼迦后书 2:6	拦阻	显露
306	1 Timothy 2:12	提摩太前书 2:12	讲道	辖管
307	1 Timothy 3:2	提摩太前书 3:2	监督	必须
308	1 Timothy 6:12a	提摩太前书 6:12a	真道	持定
309	2 Timothy 1:3	提摩太后书 1:3	祖先	清洁
310	2 Timothy 2:15	提摩太后书 2:15	无愧	分解
311	2 Timothy 3:16	提摩太后书 3:16	默示	归正
312	2 Timothy 4:7	提摩太后书 4:7	仗	守住
313	Titus 2:13	提多书 2:13	等候	显现
314	Philemon 8	腓利门书 8	放胆	吩咐
315	Hebrews 1:3a	希伯来书 1:3a	光辉	万有
316	Hebrews 4:12	希伯来书 4:12	活泼	功效
317	Hebrews 4:16	希伯来书 4:16	坦然无惧	宝座
318	Hebrews 8:1a	希伯来书 8:1a	其中	要紧
319	Hebrews 10:23	希伯来书 10:23	坚守	承认
320	Hebrews 11:11	希伯来书 11:11	岁数	怀孕
321	Hebrews 12:1a	希伯来书 12:1a	云彩	各样
322	Hebrews 12:2b	希伯来书 12:2b	忍受	苦难
323	Hebrews 13:5	希伯来书 13:5	钱财	足
324	Hebrews 13:8	希伯来书 13:8	昨日	今日
325	James 1:2	雅各书 1:2	试炼	喜乐
326	James 1:5	雅各书 1:5	缺少	斥责
327	James 1:12a	雅各书 1:12a	试验	冠冕
328	James 1:17	雅各书 1:17	恩赐	赏赐
329	James 4:7	雅各书 4:7	顺服	逃跑
330	James 4:9	雅各书 4:9	愁苦	喜笑
331	James 4:10	雅各书 4:10	自卑	升高
332	James 5:16	雅各书 5:16	认罪	医治
333	1 Peter 1:10	彼得前书 1:10	先知	考察
334	1 Peter 1:24	彼得前书 1:24	草	花
335	1 Peter 2:9a	彼得前书 2:9a	拣选	族类
336	1 Peter 3:15b	彼得前书 3:15b	准备	回答
337	1 Peter 4:8	彼得前书 4:8	切实	遮掩
338	1 Peter 5:7	彼得前书 5:7	忧虑	顾念
339	2 Peter 1:3a	彼得后书 1:3a	神能	虔敬
340	2 Peter 2:1a	彼得后书 2:1a	假	师傅
341	1 John 1:5	约翰一书 1:5	毫无	报
342	1 John 1:9	约翰一书 1:9	公义	洗净
343	1 John 2:1b	约翰一书 2:1b	中保	义者
344	1 John 2:17	约翰一书 2:17	情欲	常存
345	1 John 3:1a	约翰一书 3:1a	何等	称为
346	1 John 3:17	约翰一书 3:17	财物	穷乏
347	1 John 4:9a	约翰一书 4:9a	世间	显明
348	1 John 4:18	约翰一书 4:18	惧怕	完全
349	1 John 5:8	约翰一书 5:8	水	血
350	2 John 7	约翰二书 7	迷惑	敌基督

SCRIPTURE PASSAGES AND VOCABULARY TERMS

351	2 John 8	约翰二书 8	小心	失去
352	3 John 13	约翰三书 13	愿意	笔墨
353	Jude 9a	犹大书 9a	天使长	争辩
354	Jude 24	犹大书 24	失脚	无瑕无疵
355	Revelation 1:8	启示录 1:8	昔在	全能者
356	Revelation 3:20a	启示录 3:20a	叩门	开门
357	Revelation 4:11a	启示录 4:11a	配得	万物
358	Revelation 5:12	启示录 5:12	智慧	尊贵
359	Revelation 7:12	启示录 7:12	阿们	颂赞
360	Revelation 21:4	启示录 21:4	擦去	眼泪
361	Revelation 21:5	启示录 21:5	可信	真实
362	Revelation 22:12	启示录 22:12	快来	报应
363	Revelation 22:13	启示录 22:13	首先	末后
364	Revelation 22:17a	启示录 22:17a	新妇	口渴
365	Revelation 22:20	启示录 22:20	证明	愿

www.ingramcontent.com/pod-product-compliance
Lightning Source LLC
Chambersburg PA
CBHW050850160426
43194CB00011B/2095